ひとつまみの極上焼き菓子
アン グランのミニャルディーズ

MAISON DE MIGNARDISES

河出書房新社

ようこそ！ アン グランへ

UN GRAINはフランス語で「一粒の種」を意味する、ひとつまみサイズのお菓子 ミニャルディーズの専門店です。

ミニャルディーズとは、フランスで食後の余韻を楽しむために出される小さなお菓子のこと。アン グランでは、このひとつまみサイズのお菓子に職人の情熱やこだわりの技を凝縮させ作品を完成させています。

お店は東京・表参道駅（銀座線・半蔵門線・千代田線）から骨董通りを15分ほど歩き、さらに通りから一本入ったところにひっそりと佇んでいます。外から店内は全く見えないので、初めていらっしゃる方は、お菓子屋さんとは気づかず通り過ぎてしまうこともしばしば。勇気を出して扉を開けていただくと、そこにはお客様がゆったりとお菓子を選ぶぜいたくな空間が広がります。たくさんの作品でお出迎えしていますので、お好みのミニャルディーズがきっと見つかるはずです。なじみのお客様ばかりでなく口コミで初めていらっしゃった方も、自分好みのミニャルディーズを求めて、足繁く通ってくださっています。

お店ができたのは2015年11月。洋菓子『シガール』を製造販売する株式会社ヨックモックが運営するハイエンドブランドとして誕生しました。ヨックモックとは異なる、新たな価値観を、手づくりだからこそなしえるものづくりの原点に立ち戻り、小さくて繊細なミニャルディーズに閉じ込めています。日本で他に類を見ない作品が並んでいるお店です。

また、アン グランはこれまで育ててくれた歴代のシェフやパティシエたちのものづくりへの熱い想いや技を大切に継承しながら、さらに進化していくことを目指しています。アン グランを心底愛し、歴史を繋いできてくださった皆さんがいたからこそ、これからも今に満足することなく成長し続けるお店でありたいと思っています。

本書には、アン グランのパティシエたちが、お家でもお店の味に近いミニャルディーズを味わっていただくために工夫したレシピが満載です。ぜひこの本を通じて、作る楽しさ、食べる喜び、そしてアン グランのものづくりへの想いを感じていただけることを願っています。

アン グラン　スタッフ一同

SOMMAIRE

CHAPITRE 03

絞り出す生地

CHAPITRE 04

形作る生地

・オーブンはガスオーブンを使用しています。焼成温度と時間は機種によって多少異なるので、焼き色を見て調整してください。

アン グランのミニャルディーズ

ミニャルディーズはフランス語で「ひとつまみサイズのお菓子」という意味のほかに、「上品さ」「可憐さ」という意味もあります。生菓子の基本サイズは約4㎝四方で一般的なカットケーキの⅓個分ほど、焼き菓子は直径約4㎝以下の小サイズ。

「スマートなサイズ感、奥深い味わい、凛とした美しさ」。この3点がアン グランの考えるミニャルディーズです。

一粒の種（UN GRAIN）から生まれた素材、その特徴を見極め、パティシエの経験と感覚で素材と素材を組み合わせていくことで、小さくても印象に残る上品で繊細なお菓子が生まれるのです。

ティータイムはもちろんですが、ホームパーティなどの食後に「おいしいものをちょっとだけ、ちょっとずつ食べたい」、というたくさんの方々のリクエストにお応えして誕生したお菓子たち。ワンランク上のお菓子を求めるお客様に愛され続けています。

本書ではお家で手軽に作っていただけるようにアレンジし、焼き菓子のクッキーを中心にご紹介していますが、お店には生菓子のミニャルディーズもたくさんあります。お近くにいらっしゃることがあったら、ぜひ召し上がってください。

4つの生地で楽しむひとくち焼き菓子

本書ではカットする、抜く、絞り出す、形作るという4つの生地に分けてご紹介しています。それぞれ作業がしやすい状態に生地を仕上げていきます。生地の作り方は小麦粉を加えるタイミングが異なるシュガーバッター法とフラワーバッター法の2つです。

1 カットする生地

生地を棒状にのばして冷やし、ナイフでカットする。

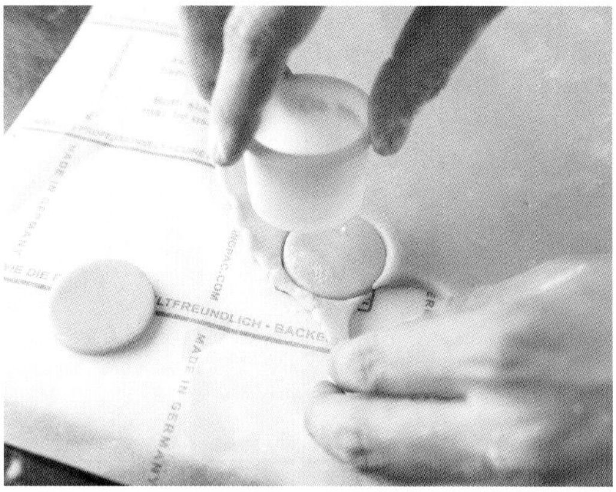

2 抜く生地

生地を板状にのばして冷やし、抜き型で抜く。

3 絞り出す生地

柔らかい生地を、絞り出し袋に入れて絞り出す。

4 形作る生地

生地を分割し、手で丸めたりつまんだりして形作る。

生地の作り方の基本は2つ

シュガーバッター法

バターに砂糖、卵を加えて混ぜたあとに小麦粉を加えて混ぜる方法。本書ではカットする生地、抜く生地、絞り出す生地でおもに使用。

フラワーバッター法

最初からバターと小麦粉をいっしょに混ぜる方法。本書では形作る生地でおもに使用。

材料について

お菓子づくりでは味や風味を決める大切なものです。お店では材料にはとことんこだわりますが、本書では手に入りやすく、使いやすいものを選びました。ここで紹介する材料と同じものを使うと、アン グランの味わいに近づけます。

バター

本書で使うバターはすべて食塩不使用のもの。塩分に小麦粉のグルテン形成を促進する作用があるため、有塩バターを使用するとクッキーのサクサク感が出にくくなることから、有塩バターは使わず、塩分が必要な場合は塩を使って調整をする。

小麦粉

アン グランでは4種の粉を使い分けるが、本書では「スーパーバイオレット（写真左）」と「エクリチュール（写真右）」の2種を使用。前者はタンパク質含有量が非常に少ないのが特徴で、クッキーに繊細で柔らかな食感を出したいときに、後者は小麦粉のタンパク質含有量が多く、しっかりとした小麦の風味が特徴で、ほろほろと口の中で崩れる食感を出したいときに使う。

卵

つなぎの役割やコクを出す効果がある。本書では全卵、卵白、卵黄を使い分ける。全卵は卵を割って溶きほぐしてから計量する。卵黄は油脂分が多く水分が少ないことからグルテンが形成されにくく、コクのあるほろほろと柔らかくて口どけがいい食感になる。卵白はタンパク質が多く含まれていることから熱凝固性が強く、絞り出しクッキーの形がきれいに焼き上がる。全卵は食感も味もちょうど中間の仕上がりに。

砂糖

アン グランでは7種以上の砂糖を使い分けるが、本書ではおもに2種を使う。生地の中に溶け込みやすい粉糖（写真左）、あえて食感を出したいときはグラニュー糖（写真右）。メレンゲではグラニュー糖を使い、ゆっくりと溶け出すことで気泡を包み込ませる。このほかにも黒糖やヴェルジョワーズ、カソナードなどの精製度が低いものもそれぞれ味わいが異なるので使い分けている。また手づくりのバニラシュガーも香りが高いので、おいしい仕上がりになる。

バニラシュガーの作り方

バニラビーンズのさやを乾燥させ、ミルサーで粉糖とともに粉末にしたもの。「バニラ：粉糖＝1：1」の割合で混ぜる。さやは使い終わったもので大丈夫。種をしごき出したさやでも、牛乳などに入れて煮出したあとのさやでもいいので、使い終えたら乾燥させておく。

塩

甘みや素材の旨みを引き立てる役割。本書では「焼き塩（写真左）」と「フルール・ド・セル（写真右）」を使用。焼き塩は粗塩を煎り、塩の水分を飛ばしたもの。粗塩が加熱されることにより苦み成分がカットされるため、マイルドな味が特徴。粒子が細かく味がなじみやすいので生地にまんべんなく溶け込ませたいときに使う。フルール・ド・セル（Fleur de sel）はフランス語で「塩の花」という意味で、塩の結晶がまるで花が咲くように生まれることから、名づけられたとされている。海水を太陽と風の力で蒸発させ浮かんだ塩の結晶を手作業ですくい取る。自然の力で作るため手間暇がかかりますが、ゆっくり結晶化するため粒が大きく、しゃりしゃりとした食感が味わえるので食感を残したいときに使うことが多い。

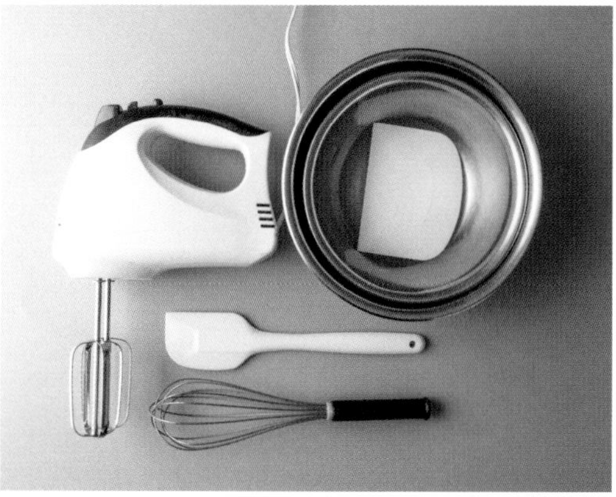

混ぜる

ホイッパー
材料を混ぜたり、泡立てたりするときに使用。

ゴムべら
材料を混ぜるときに使用。耐熱性のものが便利。

カード
バターと粉を切り混ぜたり、ボウルについた粉をはらったりするときに使う。

ボウル
大小いくつかあると便利。

ハンドミキサー
高速、中速、低速の3段階に切り替えられる一般的なもの。

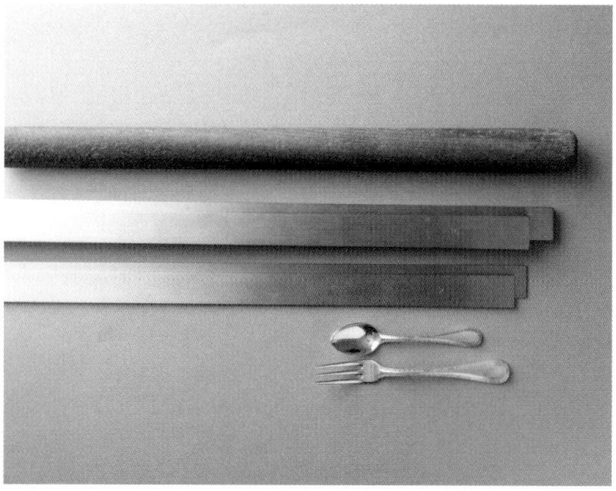

のばす

フォーク、ティースプーン
模様をつけたり、生地をすくって天板に落としたりするときに使用。

ルーラー
生地の両サイドに置いて同じ厚みにのばす。何種類かあると便利。

めん棒
50㎝長さくらいのものがあると使いやすい。

道具について

お菓子づくりをするとき、使い慣れた道具があると作業がスムーズにできます。本書で使った道具の中にはバットなど、少し大きなものもありますが、これでないと作れない、ということはありません。身近にある道具でチャレンジしてください。

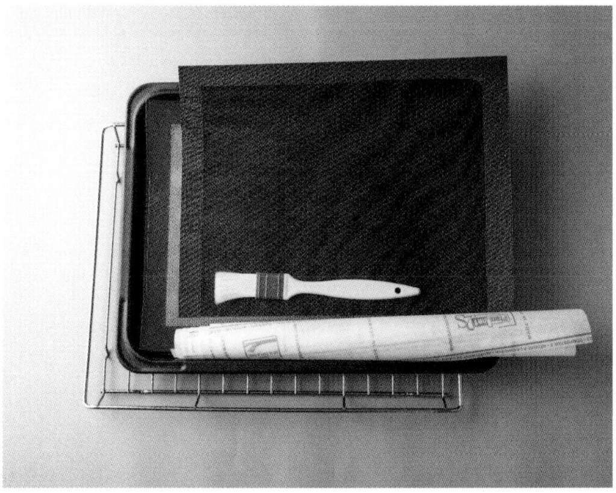

焼く

オーブンシート

これはお店で使っているもの。いつも使っているものでよい。

刷毛

生地に卵をぬったり、セルクルにサラダ油をぬったりするときに使用。

シルパン

網目状でしっかりした生地を焼くときに使う。

シルパット

柔らかい生地を焼くときに使う。

天板

ここで使ったのは幅43.2×奥行33.5㎝。家にある天板でOK。

網

焼き上がったクッキーを冷ますときに使用。

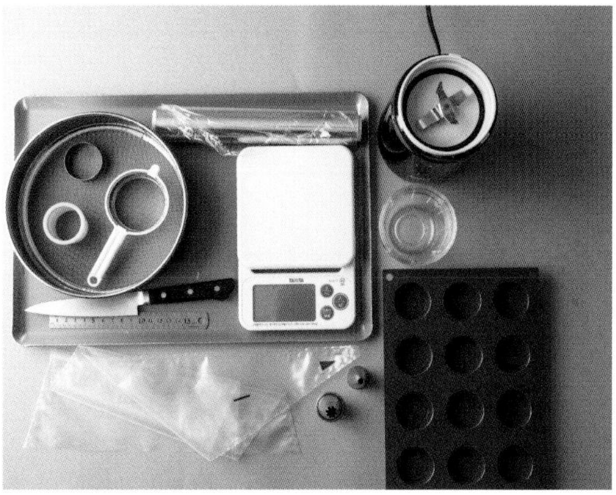

その他いろいろ

はかり

0.1gまではかれるものを使う。2種以上の材料を0表示にして計量することもある。

定規

生地をカットするとき、大きさをそろえるために使用。

ナイフ

生地をカットするときに使用。ペティナイフがあればよい。

ラップ

生地を包んだり、茶葉を蒸らしたりするときに使用。

粉ふるい

粉類をふるうときに使用。

茶こし

粉糖をふるときに使用。

抜き型

生地を抜くときに使用。これは直径4㎝の菊抜き型。

セルクル

「ガレット・ブルトンヌ」(P.44)で生地を焼くときに使用。

絞り出し袋、口金

絞り出し生地で使用。袋は使い捨てタイプ。口金はクッキーに合わせて変える。

シリコン型

「ナッツのフロランタン」(P.50)で使用。

ミルサー

茶葉などを粉末にするときに使用。ないときはすり鉢とすりこぎで。

CHAPITRE 01

カットする生地

ほとんどの生地はバターに砂糖、卵を加えて混ぜたあとに小麦粉を加えて混ぜるシュガーバッター法で作ります。カットするときは幅がそろうように、垂直にナイフを入れてカットするのがきれいに仕上げるポイント。ナイフはよく切れるものを使ってください。チョコレートやフランボワーズなどの粒に当たったとき、スパッと切れれば生地が崩れることがありません。

ディアマン・ナチュール

DIAMANT NATURE

クッキーの周りに砂糖をまぶしたものをフランスではディアマン（ダイヤモンド）と呼びます。ザクッとした食感と口の中でほろほろと崩れていく食感が味わえ、口どけのいいクッキーです。バターに砂糖を加えて卵黄といっしょに混ぜたあとに小麦粉を入れるシュガーバッター法の基本です。べたつきやすい生地なので、しっかりと冷やしながら作業を行ってください。

材料　約65枚分

バター（食塩不使用）…125g
粉糖…55g
バニラシュガー（P.11参照）…10g
焼き塩…1g
卵黄…20g
アーモンドパウダー…30g
薄力粉（エクリチュール）…175g
打ち粉（強力粉）…適量

〈仕上げ〉
グラニュー糖…適量

下準備

- バターは2㎝角に切って室温に戻す a。
- 粉糖とバニラシュガーは合わせてふるう b。
- 薄力粉とアーモンドパウダーはそれぞれふるう c。
- 卵黄は溶きほぐす。
- 仕上げ用のグラニュー糖は大きめのバットに入れる。
- 天板にシルパンを敷く d。
- オーブンは150℃に予熱する（作り方**13**で）。

a

b

c

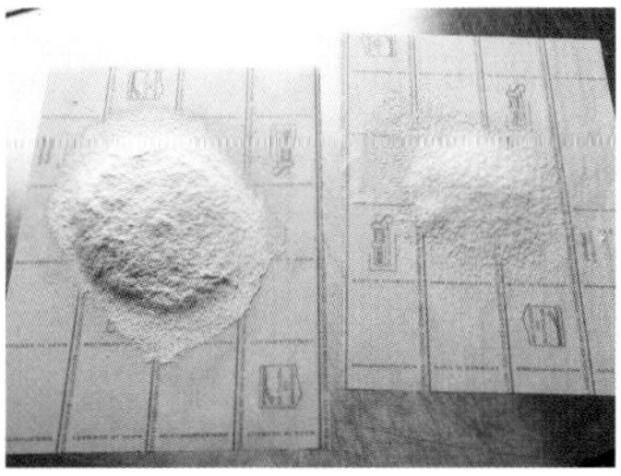

d

ディアマン・ナチュール

DIAMANT NATURE

作り方

_1

大きめのボウルにバターを入れ、ゴムべらでなめらかになるまで練り混ぜる。

_2

合わせた粉糖とバニラシュガー、塩を加える。

_3

ゴムべらで全体がなじむまで混ぜ合わせる。

_4

卵黄を少量ずつ加えながらさらに混ぜ、分離しないようにしっかりと乳化させる。

_5

アーモンドパウダーを加え、ゴムべらでさっくりと混ぜる。

_6

薄力粉を加える。

_7

粉気がなくなるまでゴムべらで混ぜる。

_8

次の作業がしやすいように一つにまとめて筒状にし、ラップに包んで冷蔵庫で1時間ほど休ませる。

_9

打ち粉をした台に取り出し、最初は手でたたいて空気を抜き、そのあと転がして、直径3×長さ48cmの筒状にする。

＊この状態でラップに包み、冷凍庫で1週間ほど保存可能。

_10

半分にカットしてそれぞれラップに包み、冷蔵庫で2時間ほど休ませる。

＊生地がべたつきやすいので、カットしやすくするために休ませる。

_11

〈仕上げ〉取り出してラップをはずし、刷毛で水（分量外）を薄くぬる。

＊グラニュー糖をつきやすくするため。

_12

グラニュー糖を入れたバットに入れて転がし、全体にまぶしつける。残りの生地も同様に行う。

_13

台に置き、定規で7㎜幅の印をナイフでつけ、印に沿ってまっすぐにカットする。

＊ナイフの真上に自分の目を合わせてナイフを下ろすとまっすぐにカットできる。

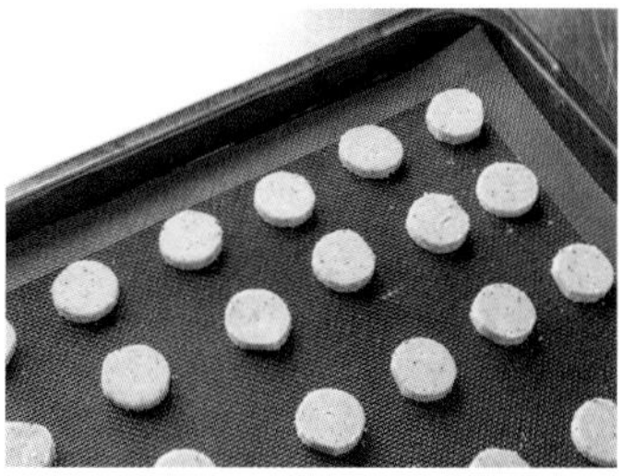

_14

天板に3㎝間隔に並べ、150℃のオーブンで20分焼く。

_15

取り出してそのまま冷ます。

ディアマン・ショコラ

DIAMANT CHOCOLAT

カカオパウダーだけでなく、チョコレートも加えることで、コクも風味もアップして深い味わいになります。生地をカットするとき、チョコレートの粒に当たって切りにくいことがあるので、生地をしっかりと冷やし、よく切れるナイフを使ってください。

材料　約65枚分

バター（食塩不使用）…110g
粉糖…50g
焼き塩…1g
卵黄…20g
カカオパウダー…25g
薄力粉（エクリチュール）…140g
アーモンドパウダー…20g
チョコレート（ビター）…40g
＊カカオ分60％以上のものがよい。
打ち粉（強力粉）…適量

〈仕上げ〉
グラニュー糖…適量

下準備

・バターは2㎝角に切って室温に戻す。
・カカオパウダーと薄力粉は合わせてふるう。
・アーモンドパウダーと粉糖はそれぞれふるう。
・卵黄は溶きほぐす。
・チョコレートはナイフで5㎜角に刻む。
・天板にシルパンを敷く。
・オーブンは150℃に予熱する（作り方**8**で）。

作り方

1 大きめのボウルにバターを入れ、ゴムべらでなめらかになるまで練り混ぜる。粉糖と塩を加え、全体がなじむまで混ぜ合わせる。

2 卵黄を少量ずつ加えながらさらに混ぜ、分離しないようにしっかりと乳化させる。合わせたカカオパウダーと薄力粉、アーモンドパウダーを加え**a**、ゴムべらでさっくりと混ぜる。

3 チョコレートを加え、粉気がなくなるまで混ぜる。

4 次の作業がしやすいように一つにまとめて筒状にし、ラップに包んで冷蔵庫で1時間ほど休ませる。

5 打ち粉をした台に取り出し、最初は手でたたいて空気を抜き、そのあと転がして、直径3×長さ46㎝の筒状にする。
＊この状態でラップに包み、冷凍庫で1週間ほど保存可能。

6 半分にカットしてそれぞれラップに包み、冷蔵庫で2時間ほど休ませる。
＊生地がべたつきやすいので、カットしやすくするために休ませる。

7 〈仕上げ〉取り出してラップをはずし、刷毛で水（分量外）を薄くぬる。グラニュー糖を入れたバットに入れて転がし、全体にまぶしつける。残りの生地も同様に行う。
＊水をぬるのはグラニュー糖をつきやすくするため。

8 台に置き、定規で7㎜幅の印をナイフでつけ、印に沿ってまっすぐにカットする。
＊ナイフの真上に自分の目を合わせてナイフを下ろすとまっすぐにカットできる。

9 天板に3㎝間隔に並べ、150℃のオーブンで20分焼く。取り出してそのまま冷ます。

a

ディアマン・抹茶

Diamant Matcha

本場フランスにはない日本らしい素材の組み合わせです。抹茶をクッキーに練り込むと見た目はもちろん、心地よい苦みや渋みが味わいのアクセントになります。抹茶は光や酸素に触れると褪色しやすいので、作ったらすぐに缶などの光が当たらない容器に入れ、できるだけ早く食べるようにしてください。

材料　約65枚分

バター（食塩不使用）…135g
粉糖…70g
焼き塩…1g
全卵…25g
アーモンドパウダー…15g
薄力粉（エクリチュール）…150g
抹茶…20g
打ち粉（強力粉）…適量

〈仕上げ〉
グラニュー糖…適量

下準備

・バターは2㎝角に切って室温に戻す。
・アーモンドパウダーと粉糖はそれぞれふるう。
・薄力粉と抹茶は合わせてふるう。
・天板にシルパンを敷く。
・オーブンは150℃に予熱する（作り方**8**で）。

作り方

1 大きめのボウルにバターを入れ、ゴムべらでなめらかになるまで練り混ぜる。粉糖と塩を加え、全体がなじむまで混ぜ合わせる。

2 全卵を少量ずつ加えながらさらに混ぜ、分離しないようにしっかりと乳化させる。

3 合わせた薄力粉と抹茶、アーモンドパウダーを加え**a**、粉気がなくなるまで混ぜる。

4 次の作業がしやすいように一つにまとめて筒状にし、ラップに包んで冷蔵庫で1時間ほど休ませる。

5 打ち粉をした台に取り出し、最初は手でたたいて空気を抜き、そのあと転がして、直径3×長さ48㎝の筒状にする。
＊この状態でラップに包み、冷凍庫で1週間ほど保存可能。

6 半分にカットしてそれぞれラップに包み、冷蔵庫で2時間ほど休ませる。
＊生地がべたつきやすいので、カットしやすくするために休ませる。

7 **〈仕上げ〉**取り出してラップをはずし、刷毛で水（分量外）を薄くぬる。グラニュー糖を入れたバットに入れて転がし、全体にまぶしつける。残りの生地も同様に行う。
＊水をぬるのはグラニュー糖をつきやすくするため。

8 台に置き、定規で7㎜幅の印をナイフでつけ、印に沿ってまっすぐにカットする。
＊ナイフの真上に自分の目を合わせてナイフを下ろすとまっすぐにカットできる。

9 天板に3㎝間隔に並べ、150℃のオーブンで20分焼く。取り出してそのまま冷ます。

a

ディアマン・フランボワーズ

DIAMANT FRAMBOISE

フランボワーズの香りと酸味が口の中にふわっと広がります。フランボワーズはフリーズドライのものを砕いて使うので、つぶつぶした食感に加え、香り高い仕上がりに。噛むたびに香りが押し寄せて感動的。見た目もきれいな色なので思わず手が伸びるクッキーです。

材料　約60枚分

バター（食塩不使用）…110g
粉糖…50g
焼き塩…1g
全卵…20g
アーモンドパウダー…25g
薄力粉（エクリチュール）…145g
フランボワーズ
（フリーズドライ）…30g
打ち粉（強力粉）…適量

〈仕上げ〉
グラニュー糖…適量

下準備

・バターは2cm角に切って室温に戻す。
・アーモンドパウダー、薄力粉、粉糖はそれぞれふるう。
・フランボワーズはポリ袋に入れ、めん棒でたたいて粉状に砕く**a**。
・天板にシルパンを敷く。
・オーブンは150℃に予熱する（作り方**8**で）。

作り方

1 大きめのボウルにバターを入れ、ゴムべらでなめらかになるまで練り混ぜる。粉糖と塩を加え、全体がなじむまで混ぜ合わせる。

2 全卵を少量ずつ加えながらさらに混ぜ、分離しないようにしっかりと乳化させる。

3 アーモンドパウダーを加え、ゴムべらでさっくりと混ぜる。薄力粉とフランボワーズも加え**b**、粉気がなくなるまで混ぜる。

4 次の作業がしやすいように一つにまとめて筒状にし、ラップに包んで冷蔵庫で1時間ほど休ませる。

5 打ち粉をした台に取り出し、最初は手でたたいて空気を抜き、そのあと転がして、直径3×長さ44cmの筒状にする。
＊この状態でラップに包み、冷凍庫で1週間ほど保存可能。

6 半分にカットしてそれぞれラップに包み、冷蔵庫で2時間ほど休ませる。
＊生地がべたつきやすいので、カットしやすくするために休ませる。

7 **〈仕上げ〉**取り出してラップをはずし、刷毛で水（分量外）を薄くぬる。グラニュー糖を入れたバットに入れて転がし、全体にまぶしつける。残りの生地も同様に行う。
＊水をぬるのはグラニュー糖をつきやすくするため。

8 台に置き、定規で7mm幅の印をナイフでつけ、印に沿ってまっすぐにカットする。
＊ナイフの真上に自分の目を合わせてナイフを下ろすとまっすぐにカットできる。

9 天板に3cm間隔に並べ、150℃のオーブンで18分焼く。取り出してそのまま冷ます。

a

b

ディアマン・ナッツ

DIAMANT FRUITS SECS

材料　約70枚分

バター（食塩不使用）…105g
アーモンドプラリネ
　ペースト（市販）a…30g
粉糖…55g
焼き塩…0.5g
卵黄…20g
アーモンドパウダー…25g
薄力粉（エクリチュール）…140g
ヘーゼルナッツ（ホール）…15g
くるみ（ホール）…15g
アーモンドスライス…40g
打ち粉（強力粉）…適量

〈仕上げ〉

グラニュー糖…適量

下準備

- バターは2㎝角に切って室温に戻す。
- アーモンドパウダー、薄力粉、粉糖はそれぞれふるう。
- 卵黄は溶きほぐす。
- ヘーゼルナッツとくるみは160℃のオーブンで10分ローストし、ナイフで5㎜角に刻む。
- アーモンドスライスは160℃のオーブンで5分ローストする。
- 天板にシルパンを敷く。
- オーブンは150℃に予熱する（作り方**8**で）。

作り方

1 大きめのボウルにバターとアーモンドプラリネペーストを入れ、ゴムべらでなめらかになるまで練り混ぜるb。粉糖と塩を加え、全体がなじむまで混ぜ合わせる。

2 卵黄を少量ずつ加えながらさらに混ぜ、分離しないようにしっかりと乳化させる。

3 ナッツ類はすべて混ぜ合わせて薄力粉とアーモンドパウダーといっしょに加えc、粉気がなくなるまでゴムべらで混ぜる。

4 次の作業がしやすいように一つにまとめて筒状にし、ラップに包んで冷蔵庫で1時間ほど休ませる。

5 打ち粉をした台に取り出し、最初は手でたたいて空気を抜き、そのあと転がして、直径3×長さ52㎝の筒状にする。
＊この状態でラップに包み、冷凍庫で1週間ほど保存可能。

6 半分にカットしてそれぞれラップに包み、冷蔵庫で2時間ほど休ませる。
＊生地がべたつきやすいので、カットしやすくするために休ませる。

7 〈仕上げ〉取り出してラップをはずし、刷毛で水（分量外）を薄くぬる。グラニュー糖を入れたバットに入れて転がし、全体にまぶしつける。残りの生地も同様に行う。
＊水をぬるのはグラニュー糖をつきやすくするため。

8 台に置き、定規で7㎜幅の印をナイフでつけ、印に沿ってまっすぐにカットする。
＊ナイフの真上に自分の目を合わせてナイフを下ろすとまっすぐにカットできる。

9 天板に3㎝間隔に並べ、150℃のオーブンで20分焼く。取り出してそのまま冷ます。

a

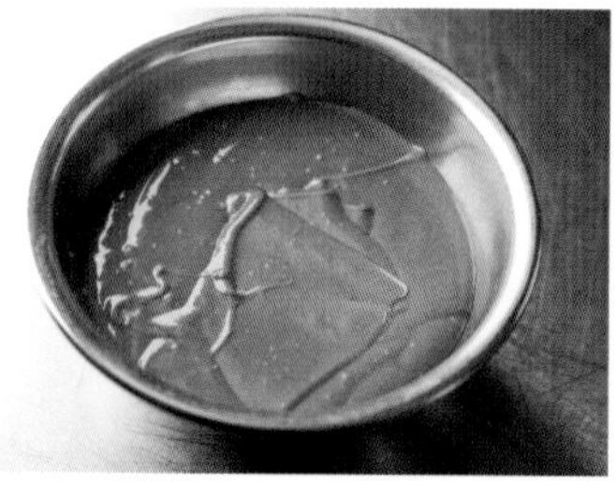

b

c

ぜいたくな3種類のナッツの味が楽しめるクッキー。さらにアーモンドプラリネペーストを加えることで食感と香ばしさがいっそう増します。お店では自家製のアーモンドペーストを使いますが、ここではアーモンドに焦がしキャラメルを絡ませて冷やしたものをペーストにした市販のものを使っています。

ディアマン・ココナッツ&バナナ

DIAMANT NOIX DE COCO ET BANANE

材料　約75枚分

バター（食塩不使用）…110g
粉糖…50g
バニラシュガー（P.11参照）…10g
焼き塩…1g
卵黄…20g
バナナ（生）…80g
バナナチップ…35g
ココナッツファイン…25g
薄力粉（エクリチュール）…145g
打ち粉（強力粉）…適量

〈仕上げ〉

グラニュー糖…適量

下準備

- バターは2cm角に切って室温に戻す。
- 粉糖とバニラシュガーは合わせてふるう。
- 薄力粉はふるう。
- 卵黄は溶きほぐす。
- バナナチップは粗みじん切りに、ココナッツファインは刻む **a**。
- バナナ（生）は1cm角に切る **b**。
- 天板にシルパンを敷く。
- オーブンは150℃に予熱する（作り方**8**で）。

作り方

1 大きめのボウルにバターを入れ、ゴムべらでなめらかになるまで練り混ぜる。粉糖とバニラシュガー、塩を加え、全体になじむまで混ぜ合わせる。

2 卵黄を少量ずつ加えながらさらに混ぜ、分離しないようにしっかりと乳化させる。

3 バナナ（生）を加えて混ぜ、生地全体になじんだらバナナチップとココナッツファインを加えて混ぜる **c**。薄力粉も加え、粉気がなくなるまで混ぜる。

4 次の作業がしやすいように一つにまとめて筒状にし、ラップに包んで冷蔵庫で1時間ほど休ませる。

5 打ち粉をした台に取り出し、最初は手でたたいて空気を抜き、そのあと転がして、直径3×長さ55cmの筒状にする。
＊この状態でラップに包み、冷凍庫で1週間ほど保存可能。

6 半分にカットしてそれぞれラップに包み、冷蔵庫で2時間ほど休ませる。
＊生地がべたつきやすいので、カットしやすくするために休ませる。

7 **〈仕上げ〉**取り出してラップをはずし、刷毛で水（分量外）を薄くぬる。グラニュー糖を入れたバットに入れて転がし、全体にまぶしつける。残りの生地も同様に行う。
＊水をぬるのはグラニュー糖をつきやすくするため。

8 台に置き、定規で7mm幅の印をナイフでつけ、印に沿ってまっすぐにカットする。
＊ナイフの真上に自分の目を合わせてナイフを下ろすとまっすぐにカットできる。

9 天板に3cm間隔に並べ、150℃のオーブンで20分焼く。取り出してそのまま冷ます。

a

b

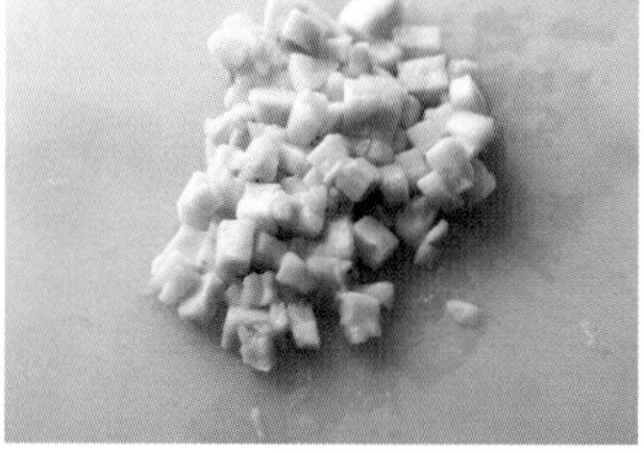

c

ココナッツとバナナは好相性の組み合わせ。口の中にココナッツの香ばしさとバナナの風味が広がります。バナナはドライだけでなく、生の果肉を生地に練り込んで風味をアップ。大人はもちろん、子供にも喜ばれるクッキーです。

サブレ・パルメザン

Sablé Parmesan

おつまみにぜひ作っていただきたいサレ系クッキーです。パルメザンチーズを生地に練り込んでパイ生地に似たサックサクの食感ですが、口に入れるとまたたく間になくなってしまうのが不思議。大人味でワインにもよく合いそう。仕上げに塩をふるとひと味違った味わいが楽しめます。

材料　約40枚分

A
- 薄力粉（スーパーバイオレット）…90g
- コーンスターチ…10g
- オニオンパウダー…2g

アーモンドパウダー…15g
焼き塩… 2g
グラニュー糖…20g
パルメザンチーズ（粉状）…20g
バター（食塩不使用）… 80g

〈仕上げ〉
全卵…適量
塩（フルール・ド・セル）…適量

下準備

- バターは1cm角に切って冷蔵庫で冷やしておく。
- パルメザンチーズも冷蔵庫で冷やしておく。
- Aは合わせてふるう。
- アーモンドパウダーはふるう。
- 天板にオーブンシートを敷く。
- オーブンは160℃に予熱する（作り方**5**で）

作り方

1 大きめのボウルにA、アーモンドパウダー、塩、グラニュー糖、パルメザンチーズを入れ、ホイッパーで混ぜ合わせる**a**。

2 バターを加え、カードでバターを切るようにして粉類と合わせる。バターが細かくなってきたら両手ですり合わせ、そぼろ状（おからのような感じ）になるまで行う。

3 台に生地をのせ、12cm角くらいにのばしてラップで包み、冷蔵庫で2時間休ませる。
＊ 卵が入っていないので生地が縮みやすい。冷蔵庫でしっかりと小麦粉のグルテンを休ませることでのばしやすくなり、カットしたあとも縮みにくい生地になる。

4 板にオーブンシートをのせて両サイドに4mmのルーラーを置き、ラップをはずした生地を置いてその上にもう1枚オーブンシートをのせ、生地をはさむ。めん棒で約18×27cmにのばし**b**、板ごと冷蔵庫に入れて2時間冷やす。

5 台に置き、定規ではかりながら3×3cmの印をナイフでつけ、印に沿ってカットする。

6 **〈仕上げ〉**全卵を刷毛で薄くぬり、好みで塩をトッピングする。天板に間隔をあけてのせ、160℃のオーブンで15分焼く。取り出してそのまま冷ます。

a

b

材料　約130個分

いちごピューレa…310g

＊グランベル社の「冷凍フレーズピューレ・いちご」がおすすめ。

A

- グラニュー糖…35g
- ペクチン…7g
- ＊パート・ド・フリュイ専用のゲル化剤。アイコクPG879Sがおすすめ。

グラニュー糖…340g

水あめ…80g

B

- クエン酸…2.5g
- 水…2.5g

ローズアロマb…5滴

＊ル・ジャルダン・デ・エピス社のものがおすすめ。

〈仕上げ〉

グラニュー糖…適量

果汁を煮詰めたキューブ状のお菓子

パート・ド・フリュイ・フレーズ

PÂTES DE FRUITS FRAISE

いちごのやさしい香りと甘酸っぱさが口いっぱいに広がります。糖度が高いお菓子なので、アン グランでは小さめのサイズにして食べやすくしています。カットしないで小さめのクッキー型で抜いてもかわいいです。

下準備

- Aはボウルに入れ、ホイッパーでしっかりと混ぜ合わせる c。
- Bは容器に入れてティースプーンで混ぜ、クエン酸を溶かす d。
- はかりにボウルをのせてグラニュー糖を計量し、0表示にしてからグラニュー糖の上にのせるようにして水あめを計量して加える。
- 天板にシルパットを敷き、36.3×8.3×高さ4.5㎝のカードル(角型のセルクル)をのせる。

a

b

c

d

作り方

_1

大きめの鍋にいちごピューレを入れて弱火にかけ、ホイッパーで混ぜながら40℃（人肌強）になるまで温める。

＊ 鍋が小さいと吹きこぼれるので注意！焦げやすいので必ず弱火で。

_2

Aを加えて弱火のまま沸騰させ、グラニュー糖がついた水あめを加えて溶かし混ぜる。

_3

再び沸騰したら残りのグラニュー糖を加え、よく混ぜる。

＊ 水あめとグラニュー糖を分けて入れるのは、ピューレの温度を下げないようにするため。

_4

再び沸騰してホイッパーを持ち上げたとき、すぐに落ちてこないで3秒くらいで落ちてくるようになったら火を止める。

＊ 糖度計ならBrix75度。

_5

Bを加えてよく混ぜ、ローズアロマも加えて混ぜる。

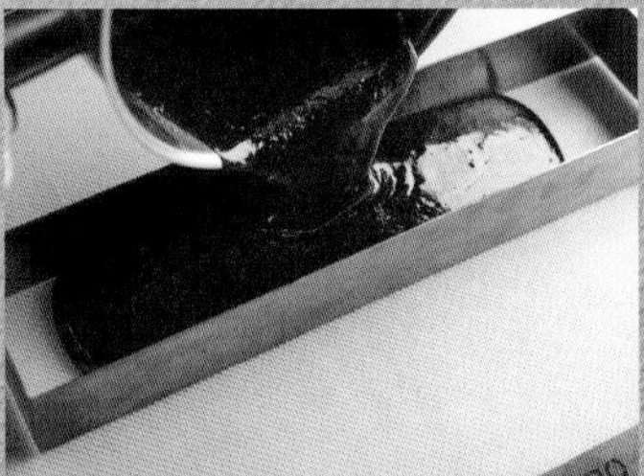

_6

天板のカードルに流し入れ、そのまま室温で翌日まで乾かす。

_7

カードルをはずす。

_8

ナイフで1.5cm角にカットする。

_9

〈仕上げ〉ボウルに仕上げ用のグラニュー糖を入れて8を入れ、手で混ぜながら全体にまぶす。

_10

オーブンシートを敷いたバットなどに間隔をあけて並べ、涼しいところ（20℃くらい）で1日乾かす。

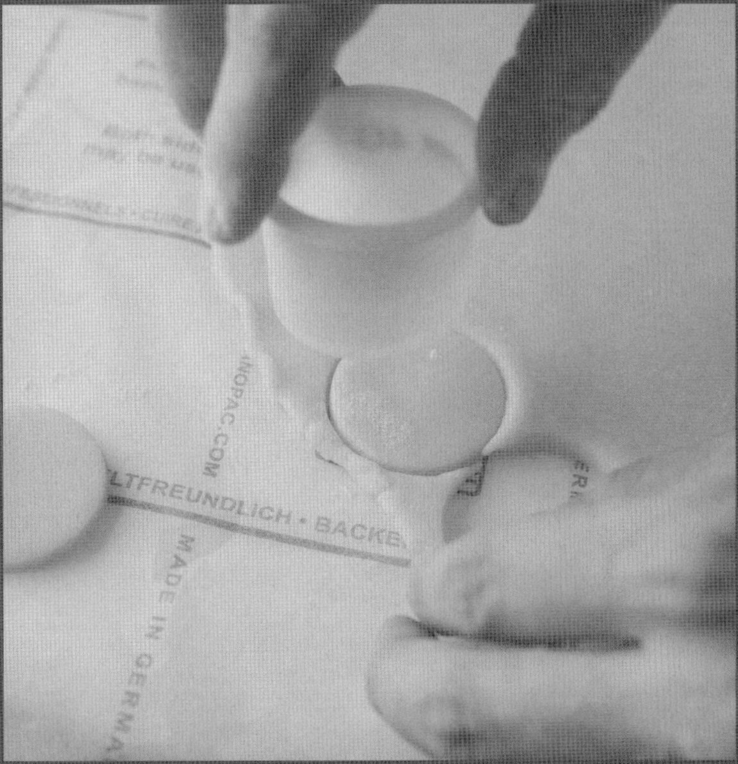

CHAPITRE 02

抜く生地

カットする生地と同様にほとんどの生地をシュガーバッター法で作ります。のばした生地を抜き型で抜くので、同じ形のきれいなクッキーが並びます。生地を抜くとき、べたつきが気になる場合は打ち粉を使ってください。アイシングをつけたり、コンフィチュール（ジャム）をサンドしたりとアレンジもいろいろ。同じ形だから生まれるバリエーションも楽しみましょう。

サブレ・ナチュール

SABLÉ NATURE

シンプルなクッキーですが、バターと小麦粉の風味がしっかりと味わえます。バターに砂糖を加えて卵といっしょに混ぜたあとに小麦粉を加えるシュガーバッター法で作ります。でき上がりの形と厚さが統一できるので、きれいに重ねることができます。

材料　約65枚分

バター（食塩不使用）…145g
粉糖…100g
焼き塩…4g
全卵…60g
アーモンドパウダー…50g
薄力粉（エクリチュール）…240g

下準備

- バターは2㎝角に切って室温に戻す a。
- 粉糖はふるい、塩と合わせる b。
- 薄力粉とアーモンドパウダーはそれぞれふるう c。
- 天板にシルパンを敷く。
- オーブンは160℃に予熱する（作り方**9**で）。

a

b

c

サブレ・ナチュール

SABLÉ NATURE

作り方

_1

ボウルにバターを入れ、ゴムべらでなめらかになるまで練り混ぜる。

_2

合わせた粉糖と塩を加える。

_3

ゴムべらで混ぜ、バターに糖分をなじませる。

_4

全卵を最初は少量加えて混ぜる。なじんだら残りの卵を3回に分けて加え、その都度なじんだら次を加えて分離しないようにしっかりと乳化させる。

_5

アーモンドパウダーを加え、ゴムべらでさっくりと混ぜる。

_6

薄力粉を加え、粉気がなくなるまで混ぜる。

_7

ラップで生地を包み、次の作業がしやすいように15×18㎝くらいにして冷蔵庫で1時間ほど休ませる。

_8

板にオーブンシートを敷き、4㎜のルーラーを両サイドに置いてラップをはずした生地をのせ、その上にもう1枚オーブンシートをのせて、めん棒で約26×46㎝にのばす。

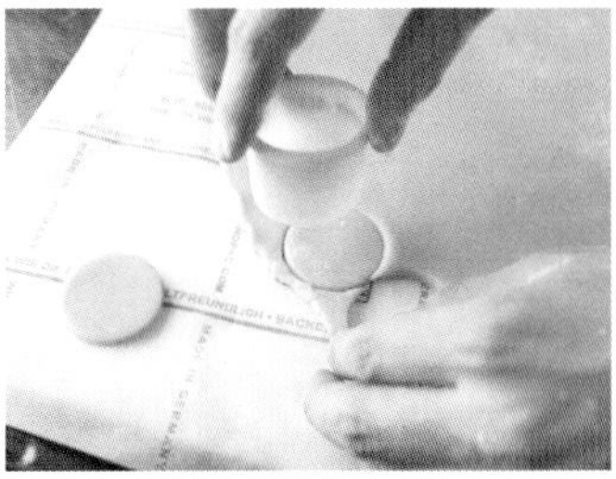

_9

のせたシートをはずして、直径4㎝の丸抜き型で抜く。

＊ 抜いた生地はシートに並べて冷凍保存可能。

_10

天板に3㎝間隔で並べ、160℃のオーブンで17分ほど焼く。

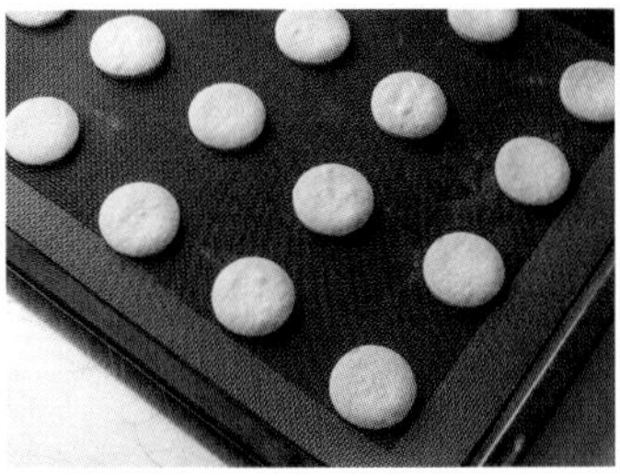

_11

取り出してそのまま冷ます。

サブレ・エピス
Sablé Épice

粒子の粗い砂糖を3種類使って、ザクザクのしっかりした歯ごたえに仕上げます。ヴェルジョワーズとカソナードは、マイルドな甘さと力強い風味が特徴。ここではスパイスのとげとげしさをカバーするために使います。スパイスはパウダー状のものを使って、生地に練り込みやすくしています。

材料　約30枚分

バター（食塩不使用）…80g

A

- ヴェルジョワーズ（写真a左）…30g
  - ＊てんさいから作った精製度が低い砂糖。
- カソナード（写真a右）…30g
  - ＊さとうきびから作った精製度が低い砂糖。
- グラニュー糖…15g
- 焼き塩…1g

はちみつ…5g
全卵…10g
ベーキングパウダー…4g
ナツメグパウダー…1g
薄力粉（スーパーバイオレット）…160g

下準備

- バターは2cm角に切って室温に戻す。
- 薄力粉はふるう。
- Aはホイッパーで混ぜ合わせるb。
- 天板にシルパンを敷く。
- オーブンは160℃に予熱する（作り方**6**で）。

作り方

1. ボウルにバターを入れ、ゴムべらでなめらかになるまで練り混ぜる。
2. Aを加えてゴムべらですり混ぜ、バターに糖分をなじませる。はちみつを加えてcさらに混ぜ、全卵を少量ずつ加えながら混ぜて、分離しないようにしっかりと乳化させる。
3. ベーキングパウダーとナツメグパウダー、薄力粉を加えてゴムべらで粉気がなくなるまで混ぜる。
4. ラップで生地を包み、次の作業がしやすいように15×18cmくらいにして冷蔵庫で1時間ほど休ませる。
5. 板にオーブンシートを敷き、5.5mmのルーラーを両サイドに置いてラップをはずした生地をのせ、その上にもう1枚オーブンシートをのせて、めん棒で約22×26cmにのばす。
6. のせたシートをはずして、直径4cmの丸抜き型で抜き、抜き型で模様を描く。
   ＊抜いた生地はシートに並べて冷凍保存可能。
7. 天板に3cm間隔で並べ、160℃のオーブンで17分ほど焼く。取り出してそのまま冷ます。

a

b

c

ガレット・ブルトンヌ

Galette Bretonne

材料　約30枚分

バター（食塩不使用）…260g
粉糖…75g
塩（フルール・ド・セル）…4g
卵黄…25g
薄力粉（スーパーバイオレット）…200g
コーンスターチ…60g

〈仕上げ〉
卵黄…適量

下準備

- バターは2㎝角に切って室温に戻す。
- 粉糖はふるい、塩と合わせる。
- 薄力粉とコーンスターチは合わせてふるう。
- 卵黄は溶きほぐす。
- 直径4.5㎝のセルクルの内側に刷毛でサラダ油（分量外）をぬる **a**。
- 天板にオーブンシートを敷く。
- オーブンは160℃に予熱する（作り方**5**で）。

作り方

1　ボウルにバターを入れ、ゴムべらでなめらかになるまで練り混ぜる。合わせた粉糖と塩を加えてゴムべらですり混ぜ、バターに糖分をなじませる。

2　卵黄を少量ずつ加えながら混ぜ、分離しないようにしっかりと乳化させる。粉類を加え、粉気がなくなるまでゴムべらで混ぜる。

3　ラップで生地を包み、次の作業がしやすいように15×18㎝くらいにして冷蔵庫で1時間ほど休ませる。

4　板にオーブンシートを敷き、9㎜のルーラーを両サイドに置いてラップをはずした生地をのせ、その上にもう1枚オーブンシートをのせて、めん棒で約18×30㎝にのばす。

5　のせたシートをはずして、直径4㎝の丸抜き型で抜く。
＊抜いた生地はシートに並べて冷凍保存可能。

6　〈仕上げ〉天板に5㎝間隔で並べ、表面に仕上げ用の卵黄を刷毛で二度ぬりする **b**。フォークで3本線の模様をつける **c**。
＊二度ぬることできれいな線が描ける。フォークについた生地はこまめに拭き取りながら作業をする。

7　セルクルをそれぞれはめ **d**、160℃のオーブンで35分ほど焼く。取り出してそのまま冷ます。

a

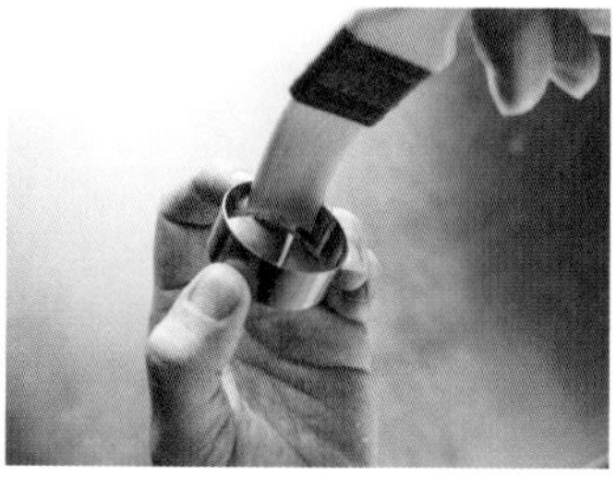

b

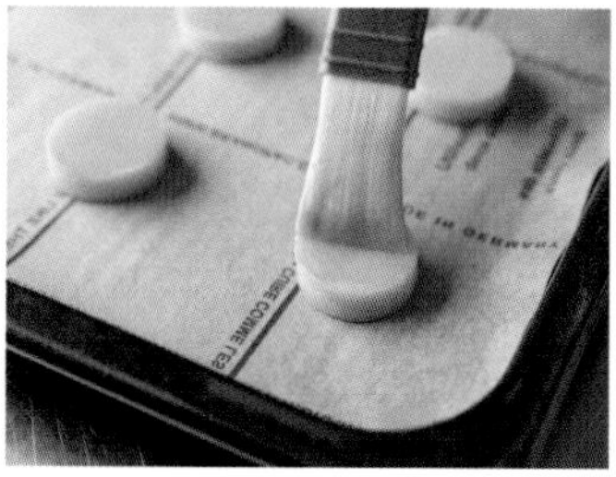

c

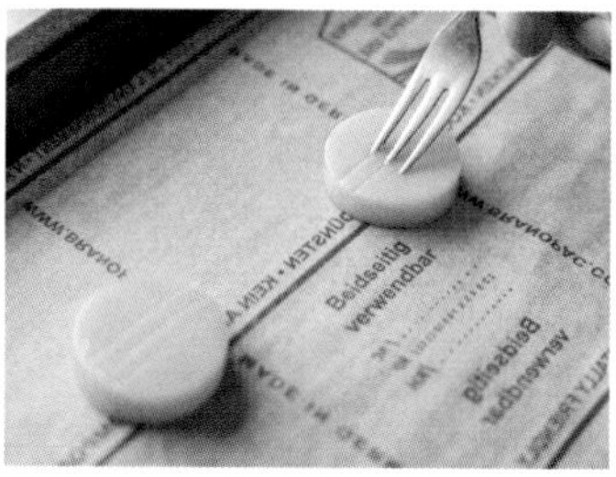

d

フランスブルターニュ地方の伝統菓子としても知られ、バターの風味が豊かで厚みのあるクッキーです。中までしっかり焼き色をつけると香ばしく、内側はほろっと崩れる食感が楽しめます。塩味をきかせ、他の素材の風味をきりっと引き立てて、深みのあるおいしさに仕上げます。

サブレ・ジャスミン

SABLÉ JASMIN

材料　約50枚分

バター（食塩不使用）…145g
粉糖…60g
焼き塩…2g
卵黄…35g
アーモンドパウダー…30g
薄力粉（エクリチュール）…185g
ジャスミン茶の茶葉…15g

〈アイシング（作りやすい分量）〉
熱湯…50g
ジャスミン茶の茶葉…2g
粉糖…253g
レモン果汁…6g
＊アイシングは作る量が少ないとかたまりやすいので多めに作る。

〈トッピング〉
ジャスミン茶の茶葉…適量

下準備

・バターは2cm角に切って室温に戻す。
・卵黄は溶きほぐす。
・アーモンドパウダー、薄力粉、粉糖はそれぞれふるう。
・生地とトッピングのジャスミン茶の茶葉はミルサーでそれぞれ粉末にする。
・天板にシルパンを敷く。
・オーブンは155℃に予熱する（作り方**5**で）。

作り方

1 ボウルにバターを入れ、ゴムべらでなめらかになるまで練り混ぜる。粉糖と塩を加え、ゴムべらですり混ぜて、バターに糖分をなじませる。

2 卵黄を少量ずつ加えながらゴムべらで混ぜ、分離しないようにしっかりと乳化させる。アーモンドパウダーを加えてさっくりと混ぜ、薄力粉とジャスミン茶の茶葉を加えて粉気がなくなるまで混ぜる。

3 ラップで生地を包み、次の作業がしやすいように15×18cmくらいにして冷蔵庫で1時間ほど休ませる。

4 板にオーブンシートを敷き、4.5mmのルーラーを両サイドに置いてラップをはずした生地をのせ、その上にもう1枚オーブンシートをのせて、めん棒で約30×30cmにのばす。

5 のせたシートをはずして、直径4cmの丸抜き型で抜く。
＊抜いた生地はシートに並べて冷凍保存可能。

6 天板に5cm間隔に並べ、155℃のオーブンで14分ほど焼く。取り出してそのまま冷ます。

7 **〈アイシング〉**小さいボウルにジャスミン茶の茶葉を入れて計量し、分量の熱湯を注いでラップをし、5分蒸らす。

8 別のボウルに粉糖を入れてはかりにのせ、0表示にして、**7**を茶こしでこして30gを加え**a**、レモン果汁を加えてホイッパーで混ぜ溶かす。ホイッパーを持ち上げたとき、筋が残るがすぐに消えるくらいになったらOK。

9 **6**のサブレの表面を下にして**8**をそっとつける**b**。反対の手で余分なアイシングをぬぐい、つけた面を上にしてオーブンシートをのせたバットにのせる。表面にジャスミン茶の茶葉をふって**c**室温で1日乾かす。

a

b

c

生地に粉末にした茶葉を練り込んでいるので、ジャスミンの香りが鼻に抜けます。茶葉の香りを移したアイシングをつけると、生地とアイシングでしっかりとした香りが楽しめます。アン グランでは高知県産の和紅茶を使った商品がありますが、ここでは手に入れやすいジャスミン茶を使っています。

サブレ・オレンジ

SABLÉ ORANGE

オレンジの香りと甘酸っぱさでさっぱりとした味わいのサブレ。見た目はシンプルですが、アイシングにも果汁が入っているので、しっとりとしたサブレの食感と相まって爽やかな風味が広がります。暑い日におすすめしたい逸品です。

材料　約40枚分

バター(食塩不使用)…144g
グラニュー糖…40g
カソナード…20g
焼き塩…1g
オレンジの皮のすりおろし…1個分
全卵…35g
薄力粉(エクリチュール)…185g

〈アイシング(作りやすい分量)〉

粉糖…190g
レモン果汁…15g
＊アイシングは作る量が少ないとかたまりやすいので多めに作る。
オレンジ果汁…30g(約½個分)
＊オレンジを半分に切って果汁を搾り茶こしでこす。

下準備

・バターは2cm角に切って室温に戻す。
・薄力粉はふるう。
・天板にシルパンを敷く。
・オーブンは155℃に予熱する(作り方**7**で)。

作り方

1 ボウルにバターを入れ、ゴムべらでなめらかになるまで練り混ぜる。

2 別のボウルにグラニュー糖、カソナード、塩を入れてゴムべらでさっと混ぜ、オレンジの皮を加えて、指ですり混ぜる**a**。

3 **1**に**2**を加え、ゴムべらで混ぜてバターに糖分をなじませる。全卵を少量ずつ加えながら混ぜて、分離しないようにしっかりと乳化させる。

4 薄力粉を加え、粉気がなくなるまで混ぜる。

5 ラップで生地を包み、次の作業がしやすいように15×18cmくらいにして冷蔵庫で1時間ほど休ませる。

6 板にオーブンシートを敷き、4.5mmのルーラーを両サイドに置いてラップをはずした生地をのせ、その上にもう1枚オーブンシートをのせて、めん棒で約26×30cmにのばす。

7 のせたシートをはずして、直径4cmの丸抜き型で抜く。
＊抜いた生地はシートに並べて冷凍保存可能。

8 天板に5cm間隔に並べ、155℃のオーブンで15分ほど焼く。取り出してそのまま冷ます。

9 **〈アイシング〉**ボウルに粉糖とレモン果汁を入れ、ゴムべらで混ぜ合わせる**b**。オレンジ果汁を少しずつ加えながらホイッパーで混ぜる。ホイッパーを持ち上げたとき、筋が残るがすぐに消えるくらいになったらOK。

10 **8**のサブレの表面を下にして**9**をそっとつける**c**。反対の手で余分なアイシングをぬぐい、つけた面を上にしてオーブンシートをのせたバットにのせ、室温で1日乾かす。

a

b

c

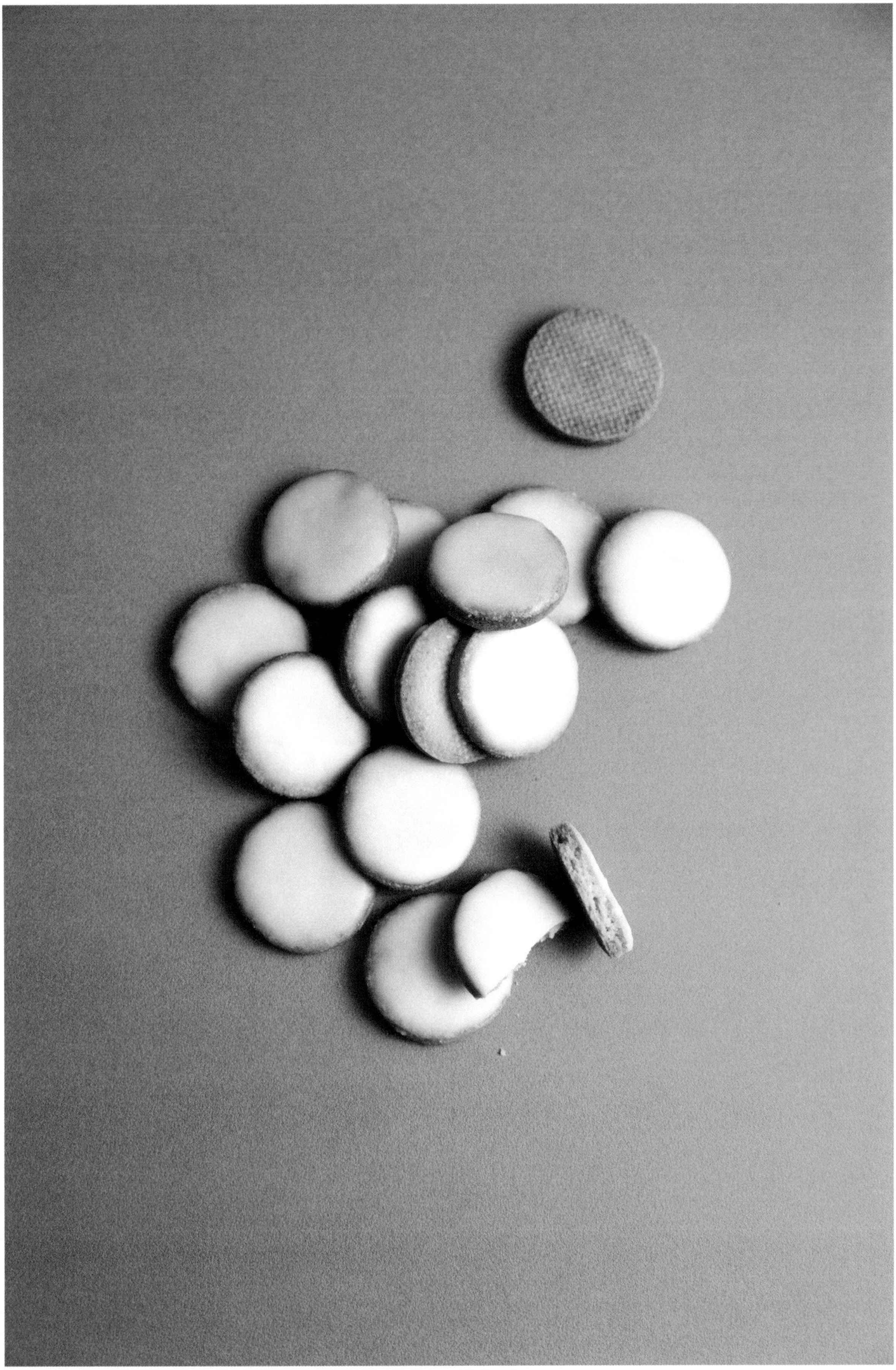

ナッツのフロランタン

FLORENTIN FRUITS SECS

ザクザク食感がたまらないフロランタン。サブレの上に3種のナッツとキャラメルを重ねているので、とってもリッチな味わいです。サブレ・ナチュール（P.38）の生地を使ったお菓子なので、いっしょに作ると2つの味が楽しめます。

材料　約75枚分

バター（食塩不使用）…72.5g
粉糖…50g
焼き塩…2g
全卵…30g
アーモンドパウダー…25g
薄力粉（エクリチュール）…120g

〈アパレイユ〉でき上がり450g
生クリーム（乳脂肪分42％）…71g
グラニュー糖…107g
バター（食塩不使用）…71g
水あめ…36g
はちみつ…36g
アーモンド（ホール）…43g
ピスタチオ（皮なし）…43g
ピーカンナッツ…43g

下準備

- 生地とアパレイユのバターはそれぞれ2cm角に切って室温に戻す。
- 粉糖はふるい、塩を合わせる。
- 薄力粉とアーモンドパウダーはそれぞれふるう。
- 天板にシルパンを敷く。
- 生地のオーブンは150℃に予熱する（P.41の作り方**9**で）。
- アパレイユのナッツ類はそれぞれナイフで5mm角に刻む。

作り方

1 P.40～41のサブレ・ナチュールの作り方と同様にして生地を作って焼く。ただし、作り方**8**で両サイドに2mmのルーラーを置き、めん棒で26×40cmにのばす。作り方**9**で直径3.5cmの丸抜き型で抜く。作り方**10**で150℃のオーブンで10分焼く。

2 冷めたらシリコン型（直径4×高さ2cmの12個取り）に入れる **a**。

3 **〈アパレイユ〉** 鍋にナッツ以外の材料をすべて入れて中火にかける。沸騰したら火を止めてナッツ類を加え **b**、ゴムべらで混ぜて室温になるまでそのまま冷ます。

4 作業を始める20分前に、オーブンを160℃に予熱する。**2**に**3**をティースプーンで⅔杯入れ **c**、160℃のオーブンで20分焼く。

5 そのまま冷まし、型からはずす。

a

b

c

サブレ・コンフィチュール2種

RECETTE _ P.54

サブレ・コンフィチュール2種

SABLÉ CONFITURE

これもサブレ・ナチュール（P.38）の生地を使ったお菓子。生地を薄くのばしてコンフィチュールをはさみます。生地を薄くすることで、ほろほろ食感のサブレとコンフィチュールの柔らかさがちょうどよいバランスに。ここでは2種のコンフィチュールをご紹介しますが、ピューレやハーブを変えていろいろな組み合わせを楽しんでみてください。

材料　約130枚（65個分）

バター（食塩不使用）…145g
粉糖…100g
焼き塩…4g
全卵…60g
アーモンドパウダー…50g
薄力粉（エクリチュール）…240g

〈いちごのコンフィチュール〉 でき上がり150g

いちごピューレ…100g
スペアミント…5g
グラニュー糖…80g

A
- グラニュー糖…20g
- ペクチン…2g
- ＊低糖度のジャム用のもの。アイコクOG505Sがおすすめ。

レモン果汁…10g

〈パッションマンゴーのコンフィチュール〉　でき上がり170g

パッションピューレ…75g
マンゴーピューレ…75g
グラニュー糖…80g

B
- グラニュー糖…20g
- ペクチン…2g
- ＊低糖度のジャム用のもの。アイコクOG505Sがおすすめ。

レモン果汁…5g

下準備

- バターは2㎝角に切って室温に戻す。
- 粉糖はふるい、塩を合わせる。
- 薄力粉とアーモンドパウダーはそれぞれふるう。
- 天板にシルパンを敷く。
- オーブンは150℃に予熱する（P.41の作り方**9**で）。
- コンフィチュールのAとBはそれぞれ混ぜ合わせる。

作り方

1. P.40～41のサブレ・ナチュールの作り方と同様にして生地を作って焼く。ただし、厚さが半分なので作り方**8**で生地を2分割して平らにのばすとやりやすい。それぞれ両サイドに2㎜のルーラーを置き、めん棒で26×46㎝にのばす。作り方**9**で直径4㎝の菊抜き型で抜く。作り方**10**で150℃のオーブンで10分焼く。
2. コンフィチュールを作る（右ページ参照）。
3. コンフィチュール2種をゴムべらでほぐし、それぞれ絞り出し袋に入れるa。
4. **1**の半量を裏面を上にして置き、**3**の絞り出し袋の先端をカットして2gくらいずつ絞り出す。残り半量のサブレでサンドする。

a

〈いちごのコンフィチュール〉の作り方

_1

鍋にいちごピューレとミントを入れて中火にかけ、沸騰させる。蓋をして5分蒸らし、別の鍋に**1**をざるでこしてミントを取り除く。

_2

グラニュー糖を加え、ホイッパーで混ぜながら40℃（人肌強）になるまで温め、グラニュー糖を溶かす。**A**を加えてさらに混ぜながら沸騰させる。

_3

沸騰後は弱火にして、ホイッパーで混ぜながら5分ほど煮詰め、そのあとホイッパーを持ち上げたとき、ホイッパーにピューレが残るくらいまで煮詰めて火を止める。
＊糖度計ならBrix68度。

_4

レモン果汁を加えて混ぜ、OPPシートを敷いたバットに移す。

_5

ゴムべらで広げる。

_6

その上にもう1枚OPPシートをのせて冷ます。

〈パッションマンゴーのコンフィチュール〉の作り方

1 鍋にピューレ2種とグラニュー糖を入れて中火にかけ、ホイッパーで混ぜながら40℃（人肌強）になるまで温める。

2 **B**を加えてホイッパーで混ぜながら沸騰させる。

3 沸騰後は弱火にして、ホイッパーで混ぜながら5分ほど煮詰め、そのあとホイッパーを持ち上げたとき、ホイッパーにピューレが残るくらいまで煮詰めて火を止める。
＊糖度計ならBrix65度。

4 レモン果汁を加えて混ぜ、OPPシートを敷いたバットに移す。ゴムべらで広げ、その上にもう1枚OPPシートをのせて冷ます。

残ったコンフィチュールの保存と活用法

きれいな瓶に入れて冷蔵庫で3～4日間保存可能ですが、なるべく早く使い切ることをおすすめします。パンにぬったり、ヨーグルトにかけたり、炭酸水で割ってドリンクにしてもいいでしょう。

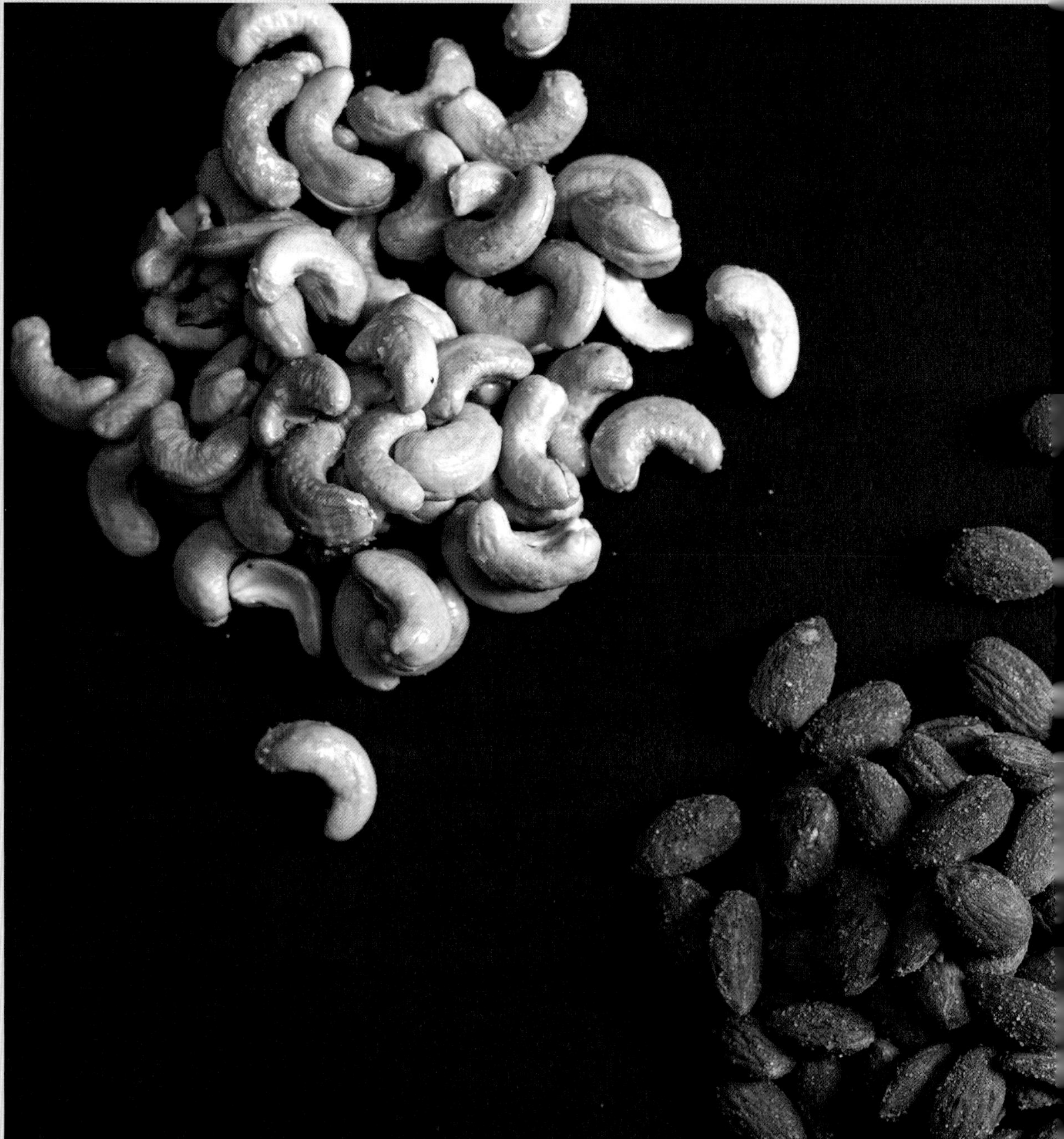

ナッツにまとわせる
サレ系のお菓子

アン グランの焼き菓子コーナーには、クッキーのほかにちょっと甘めのパート・ド・フリュイと、ちょっとしょっぱいサレ系のナッツが並んでいます。ギフト選びではおいしさはもちろん、色みや形で見た目の美しさも重要なポイント。クッキーとこれらのお菓子を合わせて食べると、味に変化がついて飽きることなく食べ続けていただけます。ぜひ、お試しください。

トリュフ香るカシューナッツ

材料と作り方

カシューナッツ100gは160〜170℃のオーブンで20分ほどローストする。ボウルに入れて卵白4gを全体にまとわせ、卵白が乾かないうちにトリュフ塩2gをふり入れて混ぜ、オーブンシートに広げて5時間ほど乾燥させる。

＊お好みでトリュフパウダーやトリュフオイルを加えてもOK。オイルを使う場合は卵白といっしょに加える。

カレー風味のアーモンド

材料と作り方

皮付きアーモンド100gは160〜170℃のオーブンで20分ほどローストする。ボウルに入れて卵白4gを全体にまとわせ、卵白が乾かないうちにカレーパウダー1gと塩2gをふり入れて混ぜ、オーブンシートに広げて5時間ほど乾燥させる。

＊アーモンドは皮付きのものが風味がいい。カレー粉に粉糖少々を加えると辛みがマイルドに。好みのスパイスを加えてもOK。

ローズマリー風味のピーナッツ

材料と作り方

ピーナッツ100gは160〜170℃のオーブンで20分ほどローストする。ボウルに入れて卵白4gを全体にまとわせ、卵白が乾かないうちにガーリックパウダー0.4g、ドライローズマリー0.6g、塩2gをふり入れて混ぜ、オーブンシートに広げて5時間ほど乾燥させる。

＊ローズマリーは乾燥したものをミルサーで粉末にして使う。ガーリックが好きな人は好みで増やしてもOK。

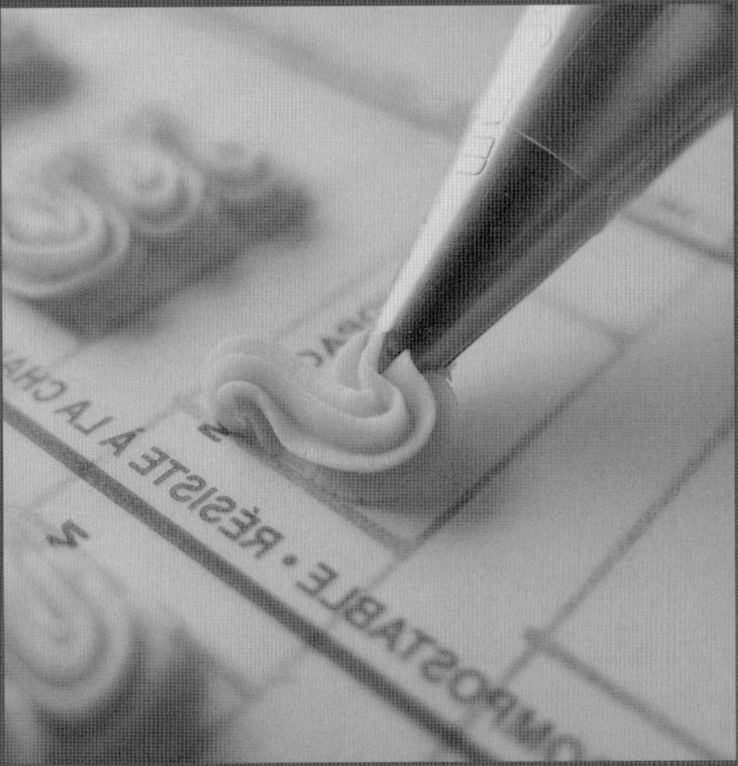

CHAPITRE 03

絞り出す生地

この生地もカットする生地や抜く生地と同様に、ほとんどがシュガーバッター法で作ります。生地ができたら絞り出し袋に入れて絞り出します。絞り出すときは台紙に油性ペンで大きさの目安を書いて、その上にオーブンシートを敷いて絞ると大きさがそろいます。何度か絞って、力の入れ方や速度のコツをつかむときれいな形に仕上がります。

ヴィエノワ・エラブル

Viennois Érable

ヴィエノワとはフランス語で「ウィーン風の」という意味をもつ絞り出しクッキーです。英語のメープルはフランス語でエラブルといい、メープルシュガーを使っているのでこの名に。卵白を使った絞り出しクッキーの定番です。口どけがよくあっさりとした味わいが特長。純度100％のメープルシュガーに、まろやかな塩味を合わせることで繊細な味わいが楽しめます。

材料　約55枚分

バター（食塩不使用）…113g
メープルシュガー（顆粒）…47g
塩（フルール・ド・セル）…1.3g
卵白…19g
薄力粉（スーパーバイオレット）…110g

〈トッピング〉
メープルシュガー（粗粒）…適量

下準備

・バターは2㎝角に切ってボウルに入れ、室温に戻してゴムべらでなめらかになるまで練り混ぜる。
・卵白は溶きほぐして室温に戻す。
・薄力粉はふるう。
・塩はポリ袋に入れ、めん棒でたたいて細かく砕くa。
　＊生地全体に味を染み込ませるため。
・星口金（8切6番）を絞り出し袋にセットしb、口金上の袋をねじって口金に押し込むc。
・天板の大きさに合わせて、厚みのある台紙に油性ペンで4×3㎝の長方形を2㎝間隔で書き、オーブンシートをのせるd。
　＊これをガイドにして絞り出す。
・オーブンは160℃に予熱する（作り方**8**で）。

a

b

c

d
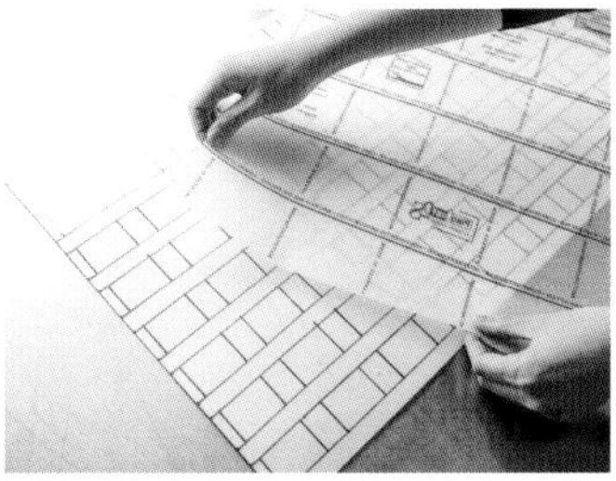

ヴィエノワ・エラブル

VIENNOIS ÉRABLE

作り方

_1

バターのボウルにメープルシュガーと塩を入れる。

_2

全体が白っぽくなるまでホイッパーで混ぜる。

* 混ぜすぎると空気が入りすぎて、焼いたときに膨張しやすくなるので注意する。

_3

卵白を少量ずつ加えながら、ホイッパーで混ぜる。

* 一気に卵白を入れると分離しやすいので注意する。

_4

生地になじむまで混ぜ込む。最初は少し分離したように見えても次第になじんでくる。

_5

薄力粉を加え、ゴムべらで混ぜる。

_6

粉気がなくなるまで混ぜ合わせる。

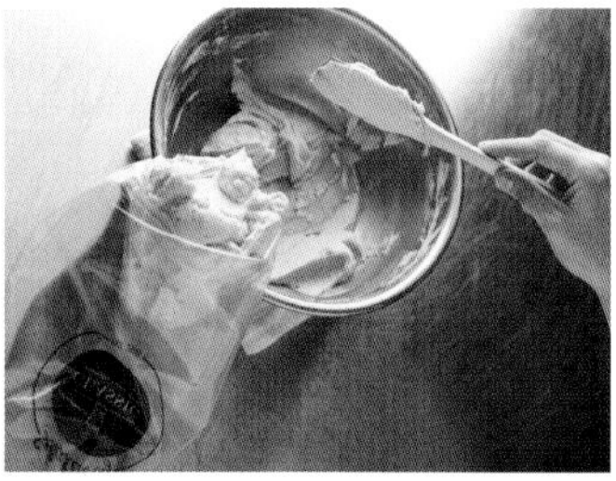

_7

絞り出し袋に入れる。

_8

オーブンシートをのせたガイドの長方形の中に、小文字の「m」のように上下に3回絞り出す。

* この状態で冷凍保存可能。凍ったら保存袋にまとめて入れる。

_9

オーブンシートを天板にのせる。

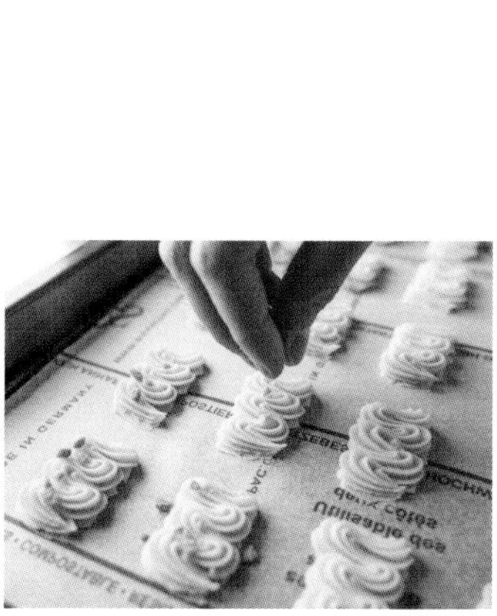

_10

メープルシュガーをトッピングし、160℃のオーブンで16分焼く。

_11

オーブンシートごと取り出してそのまま冷ます。

ヴィエノワ・カカオ

VIENNOIS CACAO

材料　約55枚分

バター（食塩不使用）…113g
粉糖…47g
焼き塩…1.3g
卵黄…2g
卵白…19g
薄力粉（スーパーバイオレット）…88g
ココアパウダー…22g

〈仕上げ〉

デコレーション用粉糖…適量

下準備

・バターは2cm角に切ってボウルに入れ、室温に戻してゴムべらでなめらかになるまで練り混ぜる。

・卵黄と卵白はそれぞれ溶きほぐし、室温に戻す。

・薄力粉と粉糖はそれぞれふるう。

・ココアパウダーはふるう a。

・星口金（8切6番）を絞り出し袋にセットし、口金上の袋をねじって口金に押し込む。

・天板の大きさに合わせて、厚みのある台紙に油性ペンで4×3cmの長方形を2cm間隔で書き、オーブンシートをのせる。
＊これをガイドにして絞り出す。

・オーブンは160℃に予熱する（作り方**4**で）。

作り方

1 バターのボウルに粉糖と塩を入れ、全体が白っぽくなるまでホイッパーで混ぜる。
＊混ぜすぎると空気が入りすぎて、焼いたときに膨張しやすくなるので注意する。

2 最初に卵黄を入れたあと、卵白を少量ずつ加えながら、ホイッパーで生地になじむまで混ぜる。

3 薄力粉とココアパウダーを加え、ゴムべらで粉気がなくなるまで混ぜ合わせる b。

4 絞り出し袋に入れ、オーブンシートをのせたガイドの長方形の中に、小文字の「m」のように上下に3回絞り出す。
＊この状態で冷凍保存可能。凍ったら保存袋にまとめて入れる。

5 オーブンシートを天板にのせ、160℃のオーブンで16分焼く。取り出してそのまま冷まし、デコレーション用粉糖を茶こしでふる。

a

b

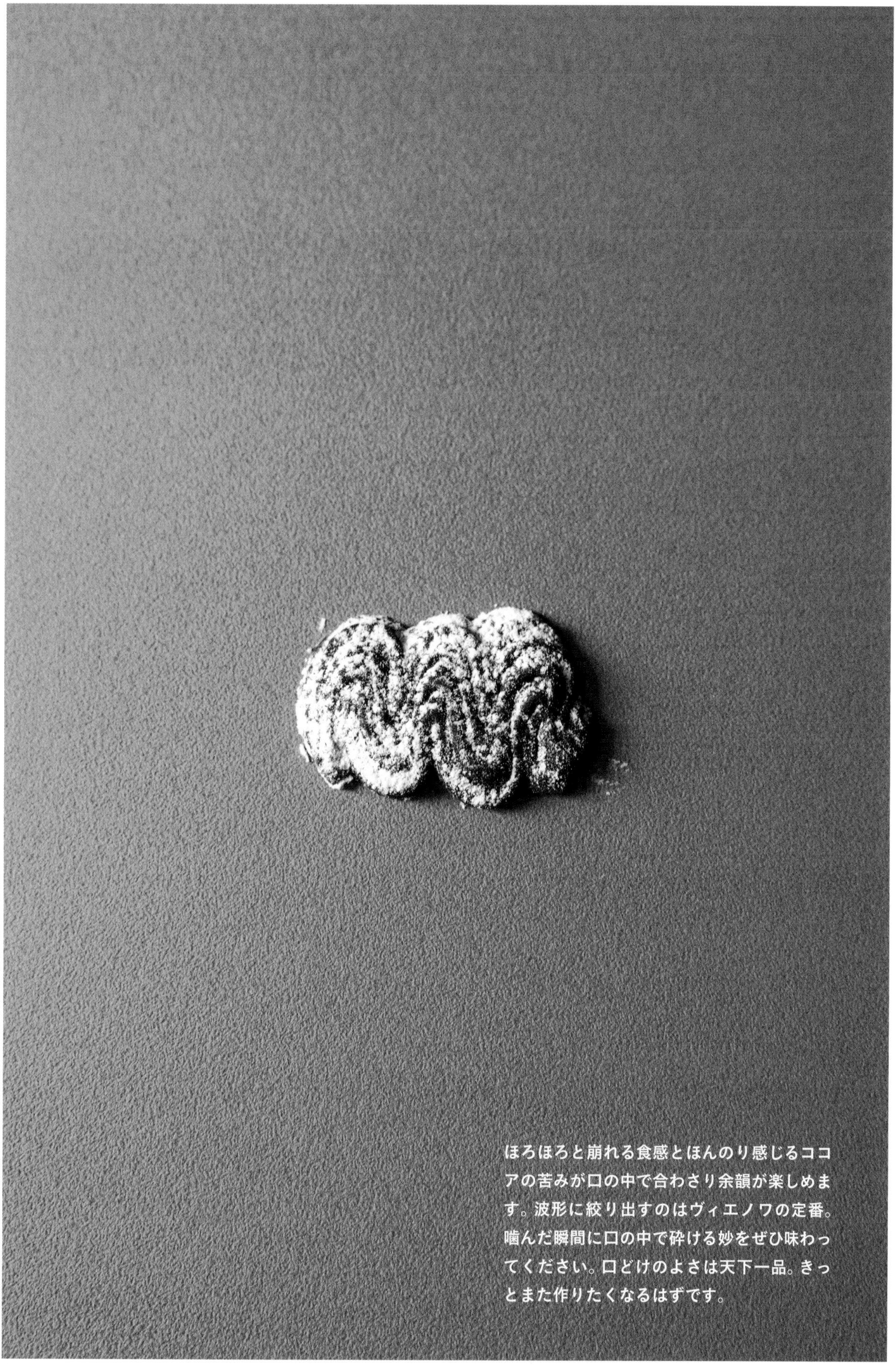

ほろほろと崩れる食感とほんのり感じるココアの苦みが口の中で合わさり余韻が楽しめます。波形に絞り出すのはヴィエノワの定番。噛んだ瞬間に口の中で砕ける妙をぜひ味わってください。口どけのよさは天下一品。きっとまた作りたくなるはずです。

ヴィエノワ・カフェ

VIENNOIS CAFÉ

コーヒーの苦みと芳醇な香りを楽しむために、挽いたコーヒー豆を使い、食感もアクセントに。ふだん飲んでいるお気に入りの挽いた豆を使ってください。アン グランではオリジナルのブレンドコーヒー豆をグラインダーで挽いています。おすすめは少しフルーティな香りのある浅煎りのコーヒー豆です。

材料　約50枚分

バター（食塩不使用）…90g
粉糖…38g
焼き塩…0.2g
卵白…16g
薄力粉（スーパーバイオレット）…100g
挽いたコーヒー豆（浅煎り／中挽き）…8g
インスタントコーヒー（顆粒）…5g

〈仕上げ〉
デコレーション用粉糖…適量

下準備

- バターは2㎝角に切ってボウルに入れ、室温に戻してゴムべらでなめらかになるまで練り混ぜる。
- 卵白は溶きほぐして室温に戻す。
- 薄力粉と粉糖はそれぞれふるう。
- 星口金（8切10番）を絞り出し袋にセットし、口金上の袋をねじって口金に押し込む。
- 天板の大きさに合わせて、厚みのある台紙に油性ペンで直径4㎝の円を1.5㎝間隔で書き、オーブンシートをのせる。
  ＊これをガイドにして絞り出す。
- オーブンは160℃に予熱する（作り方**4**で）。

作り方

1 バターのボウルに粉糖と塩を入れ、全体が白っぽくなるまでホイッパーで混ぜる。
＊混ぜすぎると空気が入りすぎて、焼いたときに膨張しやすくなるので注意する。

2 卵白を少量ずつ加えながら、ホイッパーで生地になじむまで混ぜる。
＊一気に卵白を入れると分離しやすいので注意する。

3 薄力粉と挽いたコーヒー豆、インスタントコーヒーを加え**a**、ゴムべらで粉気がなくなるまで混ぜ合わせる。

4 絞り出し袋に入れ、オーブンシートをのせたガイドの円の中に「の」の字を書くようにして絞り出す**b**。
＊この状態で冷凍保存可能。凍ったら保存袋にまとめて入れる。

5 オーブンシートを天板にのせ、160℃のオーブンで16分焼く。取り出してそのまま冷まし、デコレーション用粉糖を茶こしでふる。

a

b

ヴィエノワ・テ

VIENNOIS THÉ

テとはフランス語で紅茶のこと。ここでは紅茶の茶葉にアールグレイを使います。サクサク食感なのはもちろん、茶葉を粉末にしてあるので口の中に芳醇な香りが広がります。紅茶の種類を変えると、また違った味わいのクッキーが楽しめるのでぜひお試しを。

材料　約80枚分

バター（食塩不使用）…90g
粉糖…38g
焼き塩…0.2g
卵白…16g
薄力粉（スーパーバイオレット）…100g
紅茶の茶葉（アールグレイ）…10g

下準備

- バターは2㎝角に切ってボウルに入れ、室温に戻してゴムべらでなめらかになるまで練り混ぜる。
- 卵白は溶きほぐして室温に戻す。
- 薄力粉と粉糖はそれぞれふるう。
- 紅茶の茶葉はミルサーで粉末にする **a**。
- 星口金（8切10番）を絞り出し袋にセットし、口金上の袋をねじって口金に押し込む。
- 天板にオーブンシートを敷く。
- オーブンは160℃に予熱する（作り方**4**で）。

作り方

1　バターのボウルに粉糖と塩を入れ、全体が白っぽくなるまでホイッパーで混ぜる。
＊混ぜすぎると空気が入りすぎて、焼いたときに膨張しやすくなるので注意する。

2　卵白を少量ずつ加えながら、ホイッパーで生地になじむまで混ぜる。
＊一気に卵白を入れると分離しやすいので注意する。

3　薄力粉と紅茶の茶葉を加え **b**、ゴムべらで粉気がなくなるまで混ぜ合わせる。

4　絞り出し袋に入れ、天板に上から下に向かって貝がら状に絞り出す **c**。
＊この状態で冷凍保存可能。凍ったら保存袋にまとめて入れる。

5　160℃のオーブンで14分焼き、取り出してそのまま冷ます。

a

b

c

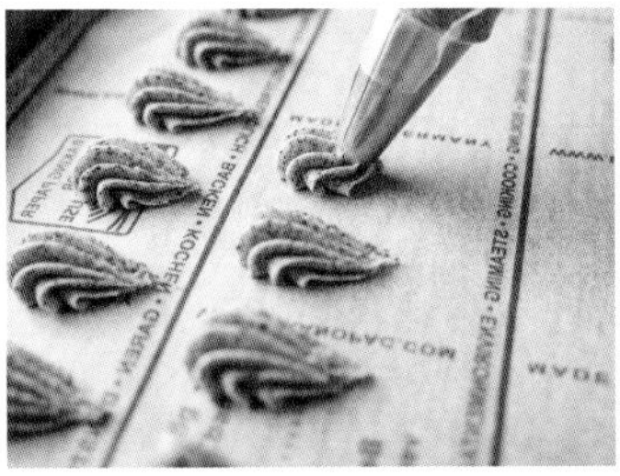

ヴィエノワ・黒糖

VIENNOIS KOKUTO

ちょっぴり塩味を感じる黒糖とほのかに甘みを感じる塩（フルール・ド・セル）を合わせ、独特の風味をもった味わい深いクッキーに仕上げました。味の秘密は黒糖も塩もミネラル分を強く感じられるものを使っているから。くどさのない上品な甘みが堪能できます。

材料　約45枚分

バター（食塩不使用）…90g
黒糖（粉末）…38g
塩（フルール・ド・セル）…0.2g
卵白…16g
薄力粉（スーパーバイオレット）…100g

〈**トッピング**〉
塩（フルール・ド・セル）…適量

下準備

・バターは2㎝角に切ってボウルに入れ、室温に戻してゴムべらでなめらかになるまで練り混ぜる。
・卵白は溶きほぐし、室温に戻す。
・薄力粉はふるう。
・星口金（8切6番）を絞り出し袋にセットし、口金上の袋をねじって口金に押し込む。
・天板の大きさに合わせて、厚みのある台紙に油性ペンで4×3㎝の長方形を2㎝間隔で書き、オーブンシートをのせる。
　＊これをガイドにして絞り出す。
・オーブンは160℃に予熱する（作り方**4**で）。

作り方

1　バターのボウルに黒糖と塩を入れ、全体が白っぽくなるまでホイッパーで混ぜる。
＊混ぜすぎると空気が入りすぎて、焼いたときに膨張しやすくなるので注意する。

2　卵白を少量ずつ加えながら、ホイッパーで生地になじむまで混ぜる。
＊一気に卵白を入れると分離しやすいので注意する。

3　薄力粉を加え、ゴムべらで粉気がなくなるまで混ぜ合わせる。

4　絞り出し袋に入れ、オーブンシートをのせたガイドの長方形のマスの中に、縦に渦巻きを描くようにして5回ほど絞り出す**a**。
＊この状態で冷凍保存可能。凍ったら保存袋にまとめて入れる。

5　塩をトッピングする。

6　オーブンシートを天板にのせ、160℃のオーブンで16分焼き、取り出してそのまま冷ます。

a

メレンゲ・カカオ

MERINGUE CACAO

サクッと軽い食感でとっても口どけのいいメレンゲクッキーです。カカオニブの香ばしさが味のアクセント。小さいけれどおいしさがぎゅっと閉じ込められています。気づくとたくさん食べてしまうので、思っている以上に多く作ったほうがおすすめです。お店では74℃のオーブンでじっくりと一晩乾燥焼きにしていますが、ここでは1時間で焼き上げます。

材料　約150個分

卵白…50g
グラニュー糖…50g
粉糖…50g
カカオパウダー…10g

〈**トッピング**〉
カカオニブ…適量

下準備

- 粉糖とカカオパウダーは合わせてふるう。
- カカオニブは160℃のオーブンで10分ほどローストする。
- 丸口金（6番）を絞り出し袋にセットする。
- 天板にシルパットを敷く。
- オーブンは100℃に予熱する（作り方**4**で）。

作り方

1. 大きめのボウルに卵白を入れ、ホイッパーでほぐす。グラニュー糖を少量（10gほど）加え、ハンドミキサーの高速で50秒ほど泡立てる。
2. 残りのグラニュー糖を3回に分けて加え混ぜ、ハンドミキサーの高速で角がピンと立つまで泡立てる **a**。
3. 粉糖とカカオパウダーを加え、ゴムべらで底から上にすくって返すようにしてさっくりと混ぜ合わせる **b**。
4. 絞り出し袋に入れ、天板に1cm間隔に直径1cmの円錐に絞り出す **c**。
5. カカオニブをトッピングする。
6. 100℃のオーブンで1時間ほどじっくり焼き、取り出してそのまま冷ます。

a

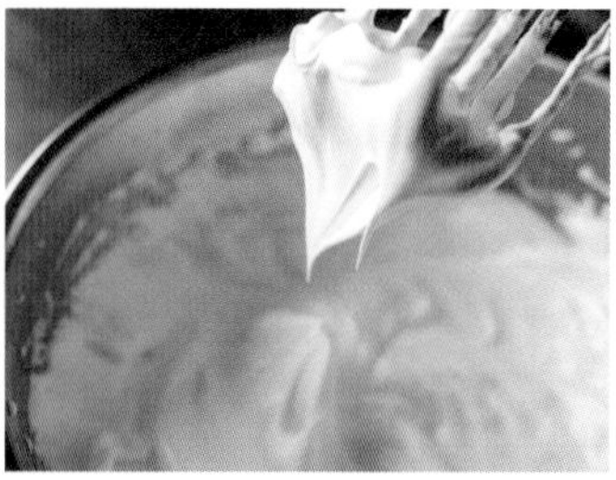

b

c

もらってうれしい缶入りクッキー

一度に何枚もできるクッキーは、何種類か作って缶に詰めると手みやげにぴったりです。作り手の想いを相手に伝える代弁者になってくれるはず。ぜひ、本書で作ったクッキーを詰めて世界で一つのクッキー缶を作ってみてください。ここでは缶に詰めるちょっとしたコツをご紹介します。

缶の詰め方

1　四隅を埋める
平面のクッキーを四隅に置く。上向きだけでなく、立てて入れて動きを出す a。

2　アクセントに色みのあるものを入れる
同色系の色ばかりが並ばないように色がついたものを間に入れて華やかさをプラス b。

3　縦横に変化をつけて詰める
平たいものが多いので、平面ばかりが並ばないようにリズムをつけて詰める c。

4　隙間は不揃いな形のもので埋める
絞り出しや丸いクッキーは隙間を埋めるのにぴったり。大きめのものから順に入れる d。

5　小粒のクッキーで小さな隙間を埋める
どんな隙間でも小さなクッキーなら簡単に入る。ぎっしりと詰まった感も増す e。

6　最後に割れやすいものをのせる
チュイル・セザム（P.88）のような薄くて割れやすいものは最後に上にのせる。アクセントにもなる f。

a

b

c

d

e

f

アン グランのクッキー缶
アン　グランでも会員様限定のクッキー缶を販売しています。ロゴ入りの缶には緩衝材のグラシン紙を敷き、仕切りも入っているので持ち運びしてもクッキーが壊れる心配がありません。缶には12種類ものクッキーが入っていますが、そのうち6種類はこの缶限定のクッキーです。見た目も味わいも楽しめるように特別な想いをこめて作ったクッキーがぎっしり詰まっています。

COLUMN 03 クッキーは缶に詰めて贈りたい！

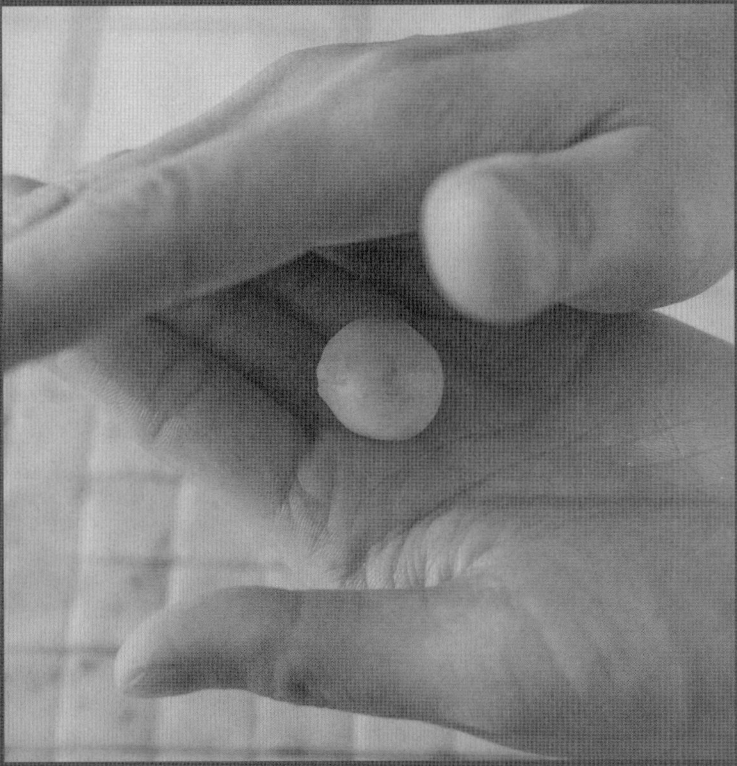

CHAPITRE 04

形作る生地

ここではおもに最初にバターと小麦粉をいっしょに混ぜるフラワーバッター法で作ります。グルテンの粘着性を防ぐので、ほろほろとした食感が出やすくなります。生地が軽いので、ナッツなどの素材の食感を感じたいお菓子にはこの生地が重宝します。

ブール・ド・ネージュ
BOULES DE NEIGE

雪（ネージュ）のような口どけと、香ばしいくるみの風味が広がります。くるみはナッツの中でも柔らかい食感があるので、この生地と好相性。さらにまぶした粉糖の甘さが加わって絶妙のおいしさです。食感だけでなく、見た目も雪玉（ブール・ド・ネージュ）そのもののフォルムなので、冬の寒い時期のプレゼントにも向いています。

材料　約95個分

薄力粉（スーパーバイオレット）…186g
アーモンドパウダー…62g
粉糖…48g
バニラシュガー（P.11参照）…1g
焼き塩…0.5g
バター（食塩不使用）…135g
卵黄…18.7g
くるみ…64g

〈仕上げ〉
デコレーション用粉糖…適量

下準備

- 薄力粉とアーモンドパウダーはそれぞれふるう。
- 粉糖とバニラシュガーは合わせてふるう。
- バターは1㎝角に切って冷蔵庫に入れておく。
- 卵黄は溶きほぐす。
- くるみは160℃のオーブンで20分ローストし、ナイフで5㎜角くらいに刻む。
- 天板にシルパットを敷く。
- オーブンは150℃に予熱する（作り方**13**で）。

ブール・ド・ネージュ

作り方

_1

ボウルに薄力粉、アーモンドパウダーと粉糖、バニラシュガー、塩を入れる。

_2

ホイッパーで混ぜる。

_3

バターを加え、カードでバターを切るようにして粉類と合わせる。

_4

バターが細かくなってきたら、両手ですり合わせる。

_5

そぼろ状（おからのような感じ）になるまで行う。

_6

卵黄を3回に分けて加え、手で混ぜる。このときなじんできたら次を加える、を繰り返す。

_7

八割方まとまったらくるみを加え、ひとまとまりにする。

＊くるみが細かくなりすぎないように注意する。

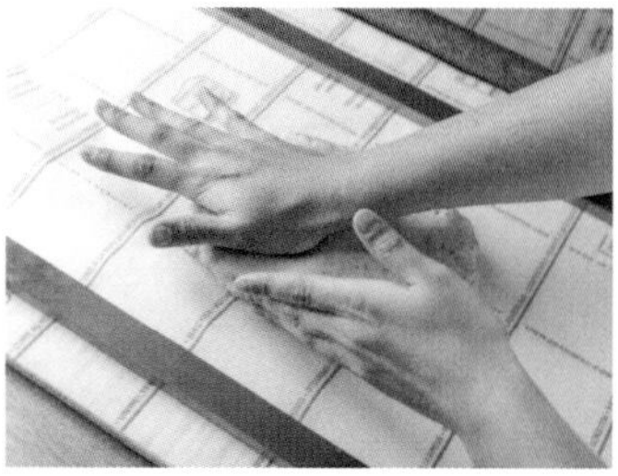

_8

オーブンシートの両サイドに10㎜のルーラーを置き、**7**を平らにして15×18㎝くらいにのばす。

_9

その上にもう1枚オーブンシートをのせて生地をはさむ。

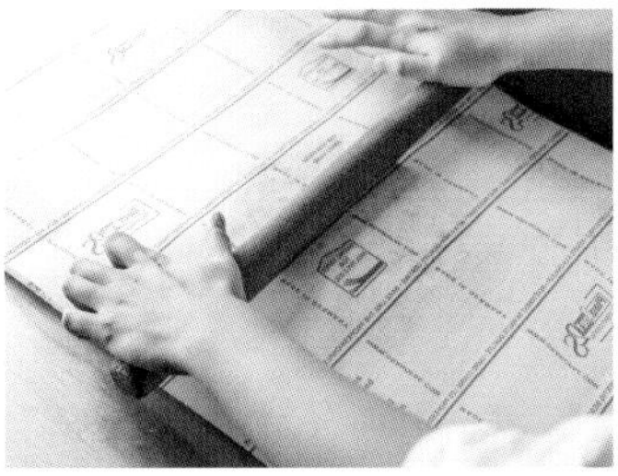

_ 10

めん棒で約18×26㎝にのばす。

_ 11

板にシートごとのせて、2時間ほど冷蔵庫で休ませる。

_ 12

取り出して上のシートをはずし、端を切り落として定規で2㎝の印をつけてカットする。向きを変えて同様に印をつけてカットする。

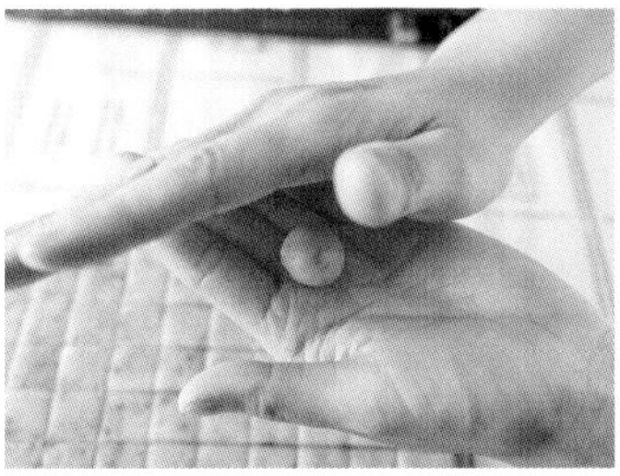

_ 13

カットした1つを手に取り、ボール状に丸める。残りも同様にして丸める。

＊ボール状に丸めた状態で冷凍保存可能。

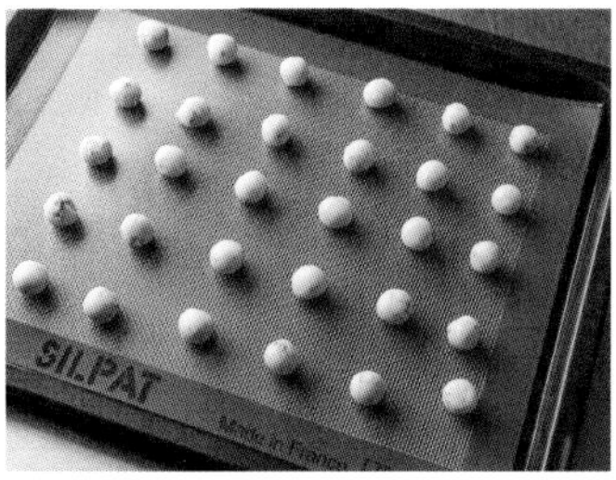

_ 14

天板に3㎝間隔に並べ、150℃のオーブンで約30分焼く。オーブンに入れるとき転がりやすいのでそっと入れる。

_ 15

取り出して、天板のまま冷ます。

＊生地の裏面に焼き色がしっかりついていたらOK。

_ 16

ボウルに入れ、仕上げ用の粉糖を茶こしでふる。

_ 17

両手でやさしくボウルの底からすくうようにして全体に粉糖をまぶす。

ブール・ド・ネージュ・抹茶

BOULES DE NEIGE MATCHA

生地の中にも仕上げの粉糖にも抹茶は入っているので、ほろほろ食感に加えて、抹茶特有の香りや苦みがふわりと口に広がります。緑が色鮮やかできれいなので、くるみ入りの白いブール・ド・ネージュ（P.78）と合わせるとよりいっそう映えます。抹茶は退色しやすいので、缶などの容器に入れて保存しましょう。

材料　約80個分

薄力粉（スーパーバイオレット）…170g
アーモンドパウダー…62g
粉糖…48g
焼き塩…0.5g
抹茶…17g
バター（食塩不使用）…135g
卵黄…18.7g

〈仕上げ〉
デコレーション用粉糖…76g
抹茶…11g

下準備

- 薄力粉、粉糖、アーモンドパウダー、抹茶はそれぞれふるう。
- バターは1㎝角に切って冷蔵庫に入れておく。
- 卵黄は溶きほぐす。
- 天板にシルパットを敷く。
- オーブンは150℃に予熱する（作り方**7**で）。

作り方

1. ボウルに薄力粉、粉糖、アーモンドパウダー、抹茶、塩を入れ、ホイッパーで混ぜる**a**。
2. バターを加え、カードでバターを切るようにして粉類と合わせる。バターが細かくなってきたら両手ですり合わせ、そぼろ状（おからのような感じ）になるまで行う。
3. 卵黄を3回に分けて加え、手で混ぜる。このときなじんできたら次を加える、を繰り返す。八割方まとまったらひとまとまりにする。
4. オーブンシートの両サイドに10㎜のルーラーを置き、**3**を平らにして15×18㎝くらいにのばす。その上にもう1枚オーブンシートをのせて生地をはさむ。
5. めん棒で約18×22㎝にのばし、板にシートごとのせて、2時間ほど冷蔵庫で休ませる。
6. 取り出して上のシートをはずし、端を切り落として定規で2㎝の印をつけてカットする。向きを変えて同様に印をつけてカットする。
7. カットした1つを手に取り、ボール状に丸める。残りも同様にして丸める。
   ＊丸めた状態で冷凍保存可能。
8. 天板に3㎝間隔に並べ、150℃のオーブンで約30分焼く。取り出して、天板のまま冷ます。
   ＊生地の裏面に焼き色がしっかりついていたらOK。
9. ボウルに入れ、仕上げ用の粉糖と抹茶をいっしょに茶こしでふる。両手でやさしくボウルの底からすくうようにして全体に粉糖をまぶす。

a

ブール・ド・ネージュ・エラブル

Boules de Neige Érable

メープルシュガーの上品な甘さに、グラニュー糖の食感と甘さを加えてやさしい味わいのクッキーに仕上げました。あえて周りに粉糖をつけず、素材のそのものの味を楽しんでいただくクッキーです。

材料　約95個分

薄力粉（スーパーバイオレット）…214g
メープルシュガー…53g
アーモンドパウダー…71g
グラニュー糖…18g
バター（食塩不使用）…143g

下準備

・アーモンドパウダーと薄力粉はそれぞれふるう。
・バターは1cm角に切って冷蔵庫に入れておく。
・天板にシルパットを敷く。
・オーブンは150℃に予熱する（作り方**6**で）。

作り方

1 ボウルに薄力粉、メープルシュガー、アーモンドパウダー、グラニュー糖を入れ、ホイッパーで混ぜる a。

2 バターを加え、カードでバターを切るようにして粉類と合わせる。バターが細かくなってきたら両手ですり合わせ、全体が八割方まとまったらひとまとまりにする。

3 オーブンシートの両サイドに10mmのルーラーを置き、**2**を平らにして15×18cmくらいにのばす。その上にもう1枚オーブンシートをのせて生地をはさむ。

4 めん棒で約18×26cmにのばし、板にシートごとのせて、2時間ほど冷蔵庫で休ませる。

5 取り出して上のシートをはずし、端を切り落として定規で2cmの印をつけてカットする。向きを変えて同様に印をつけてカットする。

6 カットした1つを手に取り、ボール状に丸める。残りも同様にして丸める。
＊丸めた状態で冷凍保存可能。

7 天板に3cm間隔に並べ、150℃のオーブンで約30分焼く。取り出して、天板のまま冷ます。
＊生地の裏面に焼き色がしっかりついていたらOK。

a

ブール・ド・ネージュ・カカオ・ノワゼット

Boules de Neige Cacao Noisettes

カカオのビターな香りとヘーゼルナッツの香ばしさが相まって風味豊か。ヘーゼルナッツのカリカリとした食感と風味が最後まで楽しめるちょっぴり大人なクッキーです。

材料　約95個分

薄力粉（スーパーバイオレット）…146g
アーモンドパウダー…62g
カカオパウダー…40g
粉糖…48g
焼き塩…0.5g
バター（食塩不使用）…135g
卵黄…18.7g
ヘーゼルナッツ…64g

〈仕上げ〉
デコレーション用粉糖…84g
カカオパウダー…17g

下準備

・アーモンドパウダーと粉糖はそれぞれふるう。
・薄力粉とカカオパウダーは合わせてふるう。
・バターは1㎝角に切って冷蔵庫に入れておく。
・卵黄は溶きほぐす。
・ヘーゼルナッツは160℃のオーブンで10分ローストし、ナイフで5㎜角くらいに刻む。
・天板にシルパットを敷く。
・オーブンは150℃に予熱する（作り方**7**で）。

作り方

1 ボウルに薄力粉、カカオパウダー、アーモンドパウダー、粉糖、塩を入れ、ホイッパーで混ぜる。

2 バターを加え、カードでバターを切るようにして粉類と合わせる。バターが細かくなってきたら両手ですり合わせ、そぼろ状（おからのような感じ）になるまで行う。

3 卵黄を3回に分けて加え、手で混ぜる。このときなじんできたら次を加える、を繰り返す。八割方まとまったらヘーゼルナッツを加え**a**、ひとまとまりにする。

4 オーブンシートの両サイドに10㎜のルーラーを置き、**3**を平らにして15×18㎝くらいにのばす。その上にもう1枚オーブンシートをのせて生地をはさむ。

5 めん棒で約18×26㎝にのばし、板にシートごとのせて、2時間ほど冷蔵庫で休ませる。

6 取り出して上のシートをはずし、端を切り落として定規で2㎝の印をつけてカットする。向きを変えて同様に印をつけてカットする。

7 カットした1つを手に取り、ボール状に丸める。残りも同様にして丸める。
＊丸めた状態で冷凍保存可能。

8 天板に3㎝間隔に並べ、150℃のオーブンで約30分焼く。取り出して、天板のまま冷ます。
＊生地の裏面に焼き色がしっかりついていたらOK。

9 ボウルに入れ、仕上げ用の粉糖とカカオパウダーを合わせて茶こしでふり、両手でやさしくボウルの底からすくうようにして全体にまぶす。

a

チュイル・セザム

TUILE SÉSAME

薄くパリッと焼き上げたお菓子。黒ごまのプチプチした食感とバターの香りがよく合います。さっと作れるので、お菓子づくりで卵白があまったときはぜひこれにチャレンジを。型がなくても作れるので、初心者でも手軽に作れますよ。

材料　約65枚分

薄力粉（スーパーバイオレット）…15g
グラニュー糖…55g
焼き塩…3g
卵白…10g
バター（食塩不使用）…55g
牛乳…5g
黒炒りごま…50g

下準備

- 薄力粉はふるう。
- 卵白は溶きほぐして室温に戻す。
- バターは1cm角に切って牛乳とともにボウルに入れ、湯せんで溶かして60℃くらいに温める。
- 天板にシルパットを敷く。
- オーブンは160℃に予熱する（作り方**3**で）。

作り方

1. ボウルに薄力粉、グラニュー糖、塩を入れてホイッパーで混ぜる。
2. 卵白を加え、温めておいたバターと牛乳も加えてすぐに混ぜ合わせる。
3. 黒炒りごまも加えて全体に混ぜ合わせる。
4. 天板にティースプーン⅓をすくって3cm間隔で落とす**a**。落とすと写真のように広がってくる。
5. 160℃のオーブンで10～12分焼き、取り出してそのまま冷ます。

a

クロッカン・バジル

CROQUANT BASILIC

ガリガリ食感が楽しい小粒クッキー。バジルの風味とガーリックの香りがおいしさの後押しをします。日本人の好きな甘塩っぱい味が無限ループ。手が止まらなくなりますよ。これも混ぜてつまんで焼くだけだから初心者におすすめです。

材料　約100個分

卵白…60g
焼き塩…4g
グラニュー糖…150g
薄力粉（スーパーバイオレット）…108g
アーモンドダイス…140g
バジルフレーク a…3g
ガーリックパウダー…1.1g

下準備

・薄力粉はふるう。
・天板にシルパットを敷く。
・オーブンは150℃に予熱する（作り方**4**で）。

作り方

1 ボウルに卵白を入れ、ホイッパーでほぐす。塩、グラニュー糖を順に加え、もったりとするまで泡立てる b。

2 薄力粉を加え、ゴムべらでさっくりと混ぜ合わせる。
＊かき混ぜすぎないように注意する。

3 アーモンドダイス、バジルフレーク、ガーリックパウダーを加えて、ゴムべらでさっくりと混ぜ合わせる。

4 手を水で濡らし、生地を3本指でつまんで直径1～1.5cmに天板に間隔をあけてのせていく c。

5 150℃のオーブンで20～23分焼く。取り出してそのまま冷ます。

a

b

c

小さなお菓子の中に込めた
アン グランのこだわり

アン グランのショーケースは、生菓子と焼き菓子のエリアに分けてあり、どこを見ても小さくて愛らしく、美しいお菓子に目を奪われます。

特に生菓子は一つひとつに、フルーツやチョコレート、クリーム、ジュレなどが何層にも重ねてあり、見た目の美しさだけでなく、食べたときの感動がいつまでも心に残るインパクトのある味わいです。

パティシエたちはフランス菓子の技法を熟知したメンバーばかり。日本人の繊細な味覚に合うように、小麦粉や砂糖を使い分けたり、日本独自の素材を取り入れたりしてアン グランならではのお菓子を作り続けています。

たとえば、高知県産のベルガモットや和紅茶、千葉県産のピーナッツなどを小さなケーキの中に取り入れ、ミリ単位の層にして、斬新で上品、かつ深い味わいの生菓子に仕上げています。

ここでは生菓子2つを取り上げ、どんな構成になっているかをご紹介します。

ヌフ ショコラ

アン グランのミニャルディーズを最も象徴するケーキとして代々変化しながら新たな形に継承されてきたチョコレートケーキ。コロンビア・トゥマコ産カカオマスの味わいに合わせ、上質な旨みのあるアッサムの茶葉と香り深いスパイス、バナナを合わせることで甘い余韻を残している。ヌフはフランス語で「9」「新しい」という意味があり、新たな発想で9層から作られている。

断面の上から
・ガナッシュ モンテ アッサム
・グラッサージュ ショコラ（表面）
・ムース ショコラ キャラメル
・ガナッシュ バナーヌ
・ビスキュイ ショコラ サンファリーヌ
・クレーム アッサム エピセ
・ビスキュイ ショコラ サンファリーヌ
・クロッカン アマンド
・ビスキュイ ショコラ

ルージュ

ショーケースを彩る赤く華やかなケーキをテーマに考案。ハイビスカスはケーキに使われることが少ないが、バラにも劣らないポテンシャルの高さがありぜひ知ってほしい素材。ハイビスカスティーとフリュイ ルージュのそれぞれの強い酸味にライチと洋なしのピューレを加えることで上品で芳醇な香りにしている。

断面の上から
・ナパージュ ルージュ（上面）
・アンロバージュ ルージュ（側面）
・ムース ハイビスカス
・ジュレ ルージュ
・シュプレーム
・コンフィ ルージュ
・コンフィチュール ルージュ
・ビスキュイ オリーブ

COLUMN 04

生菓子のミニャルディーズも人気です！

アン グランが提案する
ミニャルディーズと器のいい関係

手間暇かけて作ったお菓子をいただく際におすすめしたいのが、相性のいい器選びです。手づくりならではの表情をもつお菓子には、作り手の想いや個性を感じる器がよく合います。

アン グランではオープン当初からうつわのお店と陶芸教室 at Kiln AOYAMAのご協力をいただき、普段なかなか出会うことのない作家さんが手がけるユニークなお皿をお店で使用しています。

たとえばここで使ったタルト型を模した左の器は滋賀県で活動している木村年克さんの作品ですが、「食卓が楽しくなる器」をモットーに作られていて銀彩のような質感をもっています。また、右の器は千葉県で活動される髙木浩二さんの作品で、器の表面の柔らかく揺らいだ模様は「彩泥」という技法で彩られていて、釉薬では表現できない独特な表情がとても素敵です。

小さなお菓子のサイズに合った器がなくても、お菓子の特徴に合った器の質感や表情を合わせることで、大きな器に小さなお菓子をのせたときの存在感がぐっと上がります。器の表情によっては、器の真ん中にお菓子を置くよりもあえて中心をずらすことで器の余白を楽しむ演出になります。スタイリッシュな横長のお皿には、焼菓子を縦に整列させることで、いつも見る焼菓子たちに上品な表情をあたえます。

スイーツ用のお皿でなくても、ご家庭にある和食器やガラス皿をうまく活用し、お菓子と器の表情を見ながら、置き方に工夫をすると、おもてなしの舞台になります。ぜひ、ミニャルディーズでいつもと違ったティータイムを楽しんでみてください。

UN GRAIN
MAISON DE MIGNARDISES
FONDÉE EN 2015

UN GRAIN アン グラン

東京・南青山にある、日本で唯一のミニャルディーズ専門店。名店で修業したパティシエたちが折々のひとつまみサイズの極上スイーツを手がけている。

〒107-0062
東京都港区南青山6-8-17 プルミエビル1階
電話：03-5778-6161
営業時間：11:00〜18:00（イートインL.O.16:30）
定休日：水曜
https://www.ungrain.tokyo
E-mail：ungrain@yokumoku.co.jp

デザイン・アートディレクション　小橋太郎（Yep）
撮影　竹内章雄
スタイリング　西崎弥沙
編集　小橋美津子（Yep）
撮影協力　うつわのお店と陶芸教室 at Kiln AOYAMA　https://atkiln.com
校正　ディクション株式会社

本書の内容に関するお問い合わせは、お手紙かメール（jitsuyou@kawade.co.jp）にて承ります。恐縮ですが、お電話でのお問い合わせはご遠慮くださいますようお願いいたします。

ひとつまみの極上焼き菓子
アン グランのミニャルディーズ

2024年3月20日　初版印刷
2024年3月30日　初版発行

著　者　アン グラン
発行者　小野寺優
発行所　株式会社河出書房新社
〒151-0051　東京都渋谷区千駄ヶ谷2-32-2
電話　03-3404-1201（営業）
03-3404-8611（編集）
https://www.kawade.co.jp/
印刷・製本　TOPPAN株式会社

Printed in Japan
ISBN978-4-309-29386-8